유아를 위한

창의적 학습활동

전 경 희 저

태영출판사

머리말

21세기 정보사회의 주역이 될 유아들은 다양한 지식과 정보를 받아들이고 그것을 자신의 지식으로 재창조할 수 있어야 변화하는 사회 환경에 적응할 수 있다. 쏟아지는 다양한 정보를 취사 선택하여 자신이 직면한 문제를 해결할 수 있는 창조적인 지식을 생산하는 것은 21세기를 살아갈 유아들에게 필수적인 요소라고 할 수 있다. 그러므로 일방적인 지식의 전달보다는 유아가 주변환경에 대해 갖고 있는 무한한 호기심을 자유롭게 생각하고 표현할 수 있는 기회를 주어 주어진 정보를 정확히 이해하고, 해석하며 그것을 토대로 새롭고 유익한 지식을 창조할 수 있는 능력을 형성시켜 줄 필요가 있다.

본 저서는 2부로 구성하였으며, 1부는 창의적 학습활동의 이론적 기초 부분으로 제1장 창의성의 본질, 제2장은 유아의 창의성 발달과정, 제3장은 창의성 학습활동을 위한 전략, 제4장은 유아의 창의적 학습활동과 놀이로 꾸몄으며, 제2부는 창의적 학습활동의 운영 실제로, 주제 1 즐거운 유치원, 주제 2 우리 동네, 주제 3 기계와 도구, 주제 4 겨울, 주제 5 곤충, 주제 6 음식과 건강으로 구성하였다.

그리하여 본 자료는 유아의 학습 과정에 있어서의 창의성 형성에 대한 재인식과 더불어 효율적인 유아의 학습 지도에 대한 바람직한 방향을 모색하여 보았다. 여러 가지 미흡한 점이 많지만 교사의 학습지도와 사회적 변화에 적절히 대응할 수 있는 유아교육 환경의 마련에 작은 참고가 될 수 있기를 바란다.

아울러 원고 정리를 도와준 남덕임 선생님과 유아교육과 졸업생 조성미, 남미옥, 노을 선생님에게 고마움을 전하며, 출판을 맡아주신 김현태 사장님께도 감사를 드린다.

2007년 1월

지 은 이

차 례

제 1 부 창의적 학습활동의 이론적 기초

제 2 부 창의적 학습활동의 운영 실제

제 I 부

창의적 학습활동의 이론적 기초

제 1 장 창의성의 본질

1) 창의성의 개념 및 인성적 특성

창의성의 개념을 한 마디로 표현하기는 어렵다. Creativity, Creativeness에 해당하는 우리말은 창의성, 창조성, 창의, 창조, 창의력, 창조력, 창의적 사고 등의 여러 가지로 표현되기도 하고, 한편으론 크게 창의성과 창의력으로 구분하여 창의성은 정의적인 면으로, 창의력은 지적인 면으로 규정하려는 경향도 있다.

창의성은 일반적으로 새롭고 기존의 것과는 다른 독특한 것을 산출해 내는 과정 및 그 산물로 이해되며, 고차원적인 지적과정이나 상상력과 동의어로 간주되기도 한다.

또한 아직 알려지지 않은 새로운 아이디어나 그 복합 사상을 산출하는 능력 및 이와 관련된 정의적 특성이며, 습관적 행동이라기 보다는 비습관적인 행동을 요하는 것으로 매우 드물고 특별한 능력으로 간주되어진다.

Guilford(1968)는 "창의적 잠재능력은 인간 모두가 가지고 있는 보편적인 능력이며 특성이다." 라고 하였으며, 아울러 "창의성이란 평범 이상의 놀랄만한 새로운 발명이나 생산적 사고(productive thinking)와 착상 및 독창적인 사고 등을 포함하는 고차원적인 사고 능력을 의미하는 것으로 일상생활에서 당면하는 제반상태나 문제들을 개인 나름의 새롭고 특유한 방법으로 해결해 나가는 활동을 의미하기도 한다." 라고 하였다.

즉, 창의성을 이미 전래되어 온 전형적인 반응과정을 합리적으로 재구성하거나 개선 혁신하는 일 등을 의미하는 것으로 보았다.

이와 같이 창의성에 대한 개념 정의는 복잡하고 다양하다고 할 수 있는데 대표적인 학자들의 견해를 살펴보면 다음과 같다.

Torrance(1963)는 창의적 능력을 지식의 결함, 보이지 않는 요소, 부조화 등을 감지하거나 인식하여 이에 대한 가능한 자료를 모음으로써 해결책을 찾으며, 가설과 검증을 통해 완전하게 하여 마침내 그 결과를 전달하게 되는 것이라고 보았다.

한편, 신세호(1968)는 창의성을 그 자체가 지적인 능력이 아니라 문제에 임하는 개인의 태도이며 그것은 주어진 문제를 해결해 나가는데 있어서 개인과 환경과의 상호작용 속에서 보여지는 자기표현의 과정이라고 본다.

Ghiselin(1961)은 창의적 과정을 논하는데 있어서 창의성이란 인간의 자기실현, 자기 표현의 욕구에 근원이 되며, 기존의 질서에 대한 불만으로부터 시작해서 보다 나은 또는 전혀 새로운 질서의 발견, 생산, 완성에서 끝나는 변화와 발전과 진화의 과정이라고 하였다.

Drevdahl(1956)은 창의성을 과거에 이미 알려져 있지 않은 참신한 아이디어나 그것의 복합체를 창출해 내는 능력이나 특성이며, 이것은 과거의 경험을 기초로 새로운 패턴을 만드는 일이나 과거에의 경험을 새로운 상황에 전이시켜 새로운 관계를 형성하는 경우를 포함한다고 본다.

창의적 능력은 인간에게 내재된 보편적인 잠재 능력이라고 할 수 있는데, 일상 생활에서 당면하는 제반 문제 상황을 개인 나름의 새롭고 특유한 방법으로 해결해 나가는 것과 새로운 발명이나 아이디어를 창출할 수 있는 생산적이고 독창적인 사고를 할 수 있는 것을 의미한다.

또한 Taylor(1959)는 창의력이란 일반적이고 단순한 사고와는 질적으로 다른 생산적 사고(productive thinking)와 독창적 사고를 포함하는 극히 복잡한 개념이라고 정의하며, 독창력에 관한 100가지 이상의 각종 정의를 종합 분석한 후에 표현된 창의력(expressive creativity), 발명적 창의력(inventive creativity), 생산적이며 추상적인 개념을 요건으로 하여 변화와 혁신을 통하여 개선을 꾀하는 혁신적 창의력 등 3단계의 심리적 구조로 창의력을 구분했다.

뿐만 아니라 그는 창의적 사고 과정의 핵심은 변별적인 구안으로 경험을 함양하는 능력이며 형식적 환경을 인지하고 타인과 특유한 경험을 상호교환함으로써 새로운 소산을 창달시키는 능력을 창의력이라 결론지었다.

Taylor가 구분한 창의성에 관한 3단계의 심리적 구조는 다음과 같다.

첫째, 표현적 창의력은 가장 기본적인 유형의 창의성으로 잠재능력을 활용한 독자적인 표현으로 나타낸 능력이다.

둘째, 발명적 창의력은 이전에는 두 요소 간에 별개라고 생각되었던 것에서 새롭고 특이한 관계가 있음을 인지하는 융통성(flexibility)을 내포하고 있으며 새로운 아이디어의 생성에 기여하지는 않지만 이미 알고 있던 요인에서 새롭고 발전된 아이디어의 활용, 발달에 기여하는 능력이다.

셋째, 혁신적 창의력은 변화와 혁신적인 창의성은 생동적이며 추상적인 개념을 요건으로 하며, 이것은 발현적인 창의성(emergent creativity)의 형태로 추상적인 단계에서 새롭고 구체적인 원리를 구안해 내는 작용을 포함한다.

이상과 같은 Taylor의 견해에 의하면 창의성의 핵심은 경험을 변화되고 새로운 다른 조직으로 형성하는 능력이며 형식적 환경을 인지하고 타인과 특유한 경험을 상호 교환함으로써 새로운 아이디어를 창조하고 발달시키는 능력이다.

Hallman(1967)은 창의성에 대해서 모든 아동이 잠재적, 실재적으로 갖고 있는 능력이며, 뛰어난 천재나 과학자만이 독특하게 지니고 있는 특성이 아니라 누구나 보편적으로 갖고 있는 행동 특성이라고 하였다.

또한 창의성은 정신적 건강을 주도하는 개인성의 발달이나 변형(transformation)과 상호 밀접한 관계가 있다고 하였으며 환경의 영향에 따라 통제를 받는 능력이라고 하였다.

Maslow(1959)는 자아실현과 창의성을 연결 지어서 특수 재능의 창의성(special talent creativeness)과 자아실현의 창의성(self-actualization creativeness)으로 구분하였다.

특수재능의 창의성은 삶의 각 영역에서 빼어난 업적을 쌓은 과학자, 예술가, 문인 등에게서 나타나는 창의성인데 반해, 자아실현의 창의성은 모든 개인에게서 나타날 수 있는 보편적인 삶의 향상을 위한 창의성이라는 것이다. 그는 모든 개인에게 내재해 있는 잠재력이 자신의 처한 상황에서 보다 발전적인 방향으로 발휘되는 내적이고 주관적인 경험 그 자체를 창의성이라고 본다.

Freud를 중심으로 한 정신분석학자들은 무의식적인 불만과 충동 때문에 현실 속에서 의식적으로 긴장하게 되어 일어나는 갈등에서 개인의 창의력이 비롯된다고 본다.

이러한 접근은 창의력이 확실한 의식 수준에서 보다는 무의식 수준에서 고정관념과 습관 등의 현실적인 제약을 훨씬 덜 받을 뿐만 아니라 문제에 대한 주의 집중이 보다 효과적으로 일어날 수 있기 때문이라고 한다. 그래서 창의적인 사고나 행동은 갈등으로부터 생기는 여러 가지 누적된 정서를 해소시키기 위한 소산이며, 백일몽과 같이 어렸을 때의 유희와 관련된 자생적 공상이나 아이디어가 구체화된 것이라는 것이다.

그리하여 자생적 공상이나 아이디어를 받아들이는 개인은 창의적이며, 이것을 억압하는 사람은 비창의적이 된다는 것이다.

이들의 정의를 종합하여 볼 때 창의성이란, 누구나 갖고 있는 보편적인 능력으로서, 어떤 문제 사태에 직면했을 때 지금까지의 지식이나 습관에 의하지 아니하고 새로운 통찰과 사고를 산출하는 과정을 거쳐 기존의 것과는 다른 독특하고 다양한 관계 양식이나 해결 방법을 산출해 내는 능력이다.

즉, 창의성이란 새로운 발명, 천재적인 사고 능력, 확산적 사고와 독창적인 사고 등을 포함한 모든 고차원적인 사고 능력을 말하는 것 뿐만 아니라 일상생활에서 당면하는 제반 자극이나 문제에 대해 자신의 방법으로 해결해 나가고 대처해 나가는 것으로서 개인이 환경과의 상호작용 속에서 자기를 표현하고 실현해 나가는 과정이라고 할 수 있다.

결과적으로 창의성이란 이미 습득한 지식과 체험을 가지고, 새로움을 실험, 조사하여 흥미 있는 방법으로 지식과 경험을 습득하여 문제해결의 새로운 기술을 익혀 나가는 사고의 과정이다.

바꾸어 말해서 창의성은 지적인 능력 뿐 아니라 문제에 임하는 개인의 태도이며, 주어진 문제를 독자적으로 해결해 나가는데 있어서의 자기 표현의 과정이라고 할 수 있다.

한편, 창의적인 성향은 인간의 내적, 인지적 특성으로서의 창의적 사고 기능이 최종적인 인간의 성취를 위해 작용하는 과정에서 인간에게 요구되는 정의적 또는 태도적 특성이다. 이러한 태도적 특성을 갖는 사람들은 사물에 대해 개방적이고, 다양한 접근을 시도하며, 자기 이외의 사물이나 아이디어 및 경험에 대해 풍부한 관계를 맺으며, 기존의 사상이나 법칙에 얽매이지 않는 독창적인 활동을 한다.

창의적인 인성 특성은 일반적으로 다음과 같은 요인을 포함한다.

① **민감성** : 주변의 환경에 대해 민감한 관심을 보이고 이를 통해 새로운 탐색 영역을 넓히려는 특성이다.

② **자발성** : 문제 상황에서 아이디어를 자발적으로 산출하려는 성향이나 태도를 의미한다. 즉 문제 상황에 적극적으로 대처하고 자신의 내적 동기에 의해 문제해결에 필요한 아이디어를 산출하려는 태도이다.

③ **독자성** : 자신이 생각해 낸 아이디어에 대한 가치를 인정하고 다른 사람들의 평가에 구애받지 않으려는 성향이나 태도를 의미한다.

④ **몰입성** : 문제를 해결하기 위해 가능한 한 다양한 정보를 수집하고 해결될 때까지 끈질기게 물고 늘어지는 성향을 의미한다. 즉 특정한 주제나 상황에 집중하고, 문제를 해결하기 위해 가능한 한 다양한 정보를 수집하며, 문제가 해결될 때까지 끈질기게 탐구하는 태도이다.

⑤ **호기심** : 항상 생동감 있게 주변의 사물에 대해 의문을 갖고 끊임없이 질문을 제기하려는 태도이다.

⑥ **변화에 대한 개방성** : 이 세상은 변화하고 있으며, 내 자신이 이러한 변화의 주체가 되어야 한다는 자발적인 태도를 의미한다. 즉, 세상의 변화를 수용하고, 자신이 이 변화에 대해 개방적인 태도를 가지며 변화의 선두에 있어야 한다는 태도이다.

Maslow(1959)가 제시한 창의적인 인성 특성은 다음과 같다.

① 판단과 사고에 있어서 독립적이다.

② 사회적인 문제보다는 아이디어나 사물에 내재하는 복잡성과 불균형성에 보다 깊은 관심과 흥미를 나타낸다.

③ 자기 표현에 강한 의욕을 보이고, 타인의 통제를 거부하는 태도가 강하며, 지배성이 강하고, 자기 중심적이다.

④ 타인에게 자기를 개방하며, 새로운 경험을 잘 수용하는 태도를 보인다.

⑤ 복잡하고 모호하며, 실용적인 문제에 더욱 도전적인 경향을 보인다.

⑥ 제도상의 규율을 실어하며, 전통이나 대중적인 사고에서 이탈하려는 경향이 있다.

한편, Guilford(1959)는 창의적인 기질과 동기를 다음과 같이 보고 있다.

① 상투성이 적고 기존의 질서에 보다 적게 구애받는다.

② 특이한 행동이나 사고를 즐긴다.

③ 모호한 사태에 대한 수용성이 높다.

④ 여러 가지 해결책이 모색되는 사고를 즐기며, 한 가지 문제에 여러 해결책을 찾는다.

⑤ 위험에 대한 욕구가 강하다.

⑥ 충동적이며 자신감이 높다.

또한, 신세호(1968)는 창의적 성향을 갖는 사람의 특성으로 다음과 같은 사항을 들고 있다.

① 창의적인 인간은 개인적, 사회적인 문제보다도 아이디어나 사물에 깊은 관심과 흥미를 가진다.

② 판단과 사고에 있어서 보다 독립성을 보인다.

③ 자기중심적이고 자기 표현에 강한 의욕이 보이며 타인의 통제를 거부하

고 지배성이 높다.

④ 다방면에 걸친 새로운 경험에로 자신을 개방하며 어렵거나 복잡하고 모호한 문제를 더 좋아한다.

⑤ 대부분의 생각이나 행동의 표준에서 이탈하며 그러한 태도를 굽히지 않는 용기를 가진다.

⑥ 심미적이고, 이론적이며, 경제적 가치를 택하며 보다 유머러스하다.

⑦ 성취, 지배, 자율, 독립, 무질서, 변화, 공격의 욕구가 보다 강하다.

이상의 견해를 종합하여 보면 창의적인 성향을 나타내는 인성적인 특성은 다음과 같다.

첫째, 모든 것에 호기심이 많으며, 여러 가지 새로운 질문을 끊임없이 제기한다.

둘째, 자율성과 독립심이 강하며, 타인의 지도나 감독에 의존하기보다는 스스로 문제를 해결하려 한다.

셋째, 사고와 판단에 있어서 보다 독자적이며, 그들의 생각이 올바른 것임을 주장하는데 주저하지 않는 자기 표현의 의욕이 강하다.

넷째, 모든 일에 열성적이며, 보다 독창적이고 새로운 것을 추구하려는 열망이 강하고, 집중력이 강하다.

다섯째, 자기 확신적이고, 변화에 대하여 건설적인 태도를 취하며 개방적이다.

여섯째, 모험심이 강하고, 자극적인 활동에 참여하기를 좋아한다.

일곱째, 새로운 문제에 대해 도전적이며, 모든 주의력을 집중하여 문제를 해결하려고 노력한다.

여덟째, 훌륭한 유모어 감각을 갖고 있고, 공상과 상상하기를 좋아한다.

아홉째, 전통이나 고정된 사고에서 이탈하고자 한다.

2) 창의성에 대한 관점

창의성의 본질을 파악하기 위하여 창의성에 대한 관점을 살펴보면 다음과 같다.

(1) 지적 특성론

창의성을 지능의 측면에서 파악하여 지적 능력의 한 특성으로 간주함으로써 창의적 사고를 강조하는 입장이다.

Guilford(1968)에 의하면 창의성은 적성・기질・동기 등 여러 면에서 고찰되어야 하며, 지적 개념모형에서 발산적 사고를 창의적 사고의 특성으로 본다. 발산적 사고는 인지 혹은 기억된 정보로부터 새롭고, 신기하고, 다양한 비습관적인 해결방안을 생성하는 능력으로 문제해결의 다양성과 양에 강조점을 둔다.

즉, 발산적 사고는 주어진 자료에 대한 여러 다양한 논리적 반응을 포함하는 자유 분방한 사고로서 특정한 반응에 얽매이지 않고 때로는 기존하는 해결책을 거부하면서 새로운 것을 널리 찾는 독창적인 성질의 사고이다.

창의적 사고에 관계되는 요인들을 살펴보면 사고의 유창성(fluency), 사고의 융통성(flexibility), 사고의 독창성(originality), 문제에 대한 민감성(sensitivity to problem), 재정의 또는 재구성력(redefinition or reorganization), 정교(elaboraton) 등을 들 수 있다.

1 유창성(fluency)

유창성이란 특수한 문제 상황에서 가능한 많은 양의 아이디어를 산출해 내는 능력을 말한다. 창의적 사고력이 독창적이며 양질의 사고를 산출하는 것이라면, 사고의 과정에서 그 한계를 정하지 않고 가능한 많은 단계를 거쳐 질적으로 우수한 아이디어를 얻도록 하는 것이다.

유창성에는 간편한 그림을 이용하여 여러 가지 사물을 연상 그려보는 형태의 유창성(figural fluency), 지각되는 기호나 문자로부터 단어를 풍부하게 산출하는 언어의 유창성(word fluency), 주어진 자극이나 사태에 대한 관계를 찾아 이들을 규정한 개념이나 아이디어를 풍부히 하는 개념화의 유창성(ideational fluency), 어휘나 자극으로부터 그 의미에 따라 아이디어를 자유자재로 연출하는 연상의 유창성(associational fluency), 주어진 조건하에서 풍부하고 자유로운 표현을 하는 표현의 유창성(expressional fluency)등을 들고 있다.

2 융통성(flexibility)

융통성은 경직되고 고정적인 사고 방식이나 시각과 반대되는 개념으로 다각적으로 또는 다방면으로 사고를 변환시켜 다양한 해결책을 찾아내는 능력이다. 흔히 인간은 사회 일반의 지배적인 사고 방식이나 자신에 익숙한 관점에만 고착되어 문제를 해결하거나 결론을 내리려는 경향이 있다. 그러나 이렇게 되면 경직된 사고를 하게 되어 사고의 발전을 기대할 수 없게 된다. 그러므로 문제해결을 위해서는 고정적인 사고의 틀을 깨고 발상 전체를 전환시켜서 유연하게 접근할 필요가 있는 것이다.

융통성에는 주어진 문제에 대한 아이디어나 해결책을 다양한 방향으로 모색하는 자발적 융통성(sponataneous flexibility) 과 문제 사태의 암시적이고 추상적인 의미를 포착하여 해결책인 아이디어를 새롭게 변형하는 적응적 융통성(adaptive flexibility)이 있다.

3 독창성(originality)

기존의 사고에서 탈피하여 희귀하고, 참신하며, 독특한 아이디어나 해결책을 산출하는 능력으로 창의적 사고의 궁극적인 목표가 되는 요인이라고 할 수 있다. 또한 유연한 사고에서 진전하여 자기만의 독특한 아이디어를 산출하는 능력으로 의식적으로 노력하는 데서 아이디어가 나올 수 있다.

다른 사람이 이미 생각했던 아이디어나 문제해결 방법은 개인이나 사회에 별로 의미가 없다는 점을 고려한다면, 독창적인 아이디어는 창의적인 사고에서 최고 수준의 사고 능력이라고 볼 수 있다.

4 민감성(sensitivity)

민감성은 다른 사람들이 잘 깨닫지 못하는 문제점을 생각해 내는 능력으로 일상적인 상황이나 사물을 그냥 지나치지 않고 유심히 관찰하거나 문제 제기를 하며, 약간의 변화에도 적극적으로 생각하고 반응하는 것을 말한다.

5 재정의(redefinition)

이미 알고 있는 사물을 문제해결에 유용하게 쓸 수 있도록 그 사물에 대한 기존의 해석을 버리고 새로운 해석을 하는 능력이다.

6 정교성(elavoration)

사물을 정교하게 관찰함으로써 남들이 보지 못하는 면을 파악하는 능력으로, 한 가지 아이디어를 설명하기 위해 상세한 내용을 가득 채워 넣거나, 심층적인 아이디어를 만들어 내며, 기존의 생각이나 사물을 보다 치밀하게 구성하고, 일상생활에서의 평이한 생각을 보다 구체화하는 능력이다. 즉, 정교성은 다듬어지지 않은 기존의 아이디어를 보다 구체화하고, 정밀한 것으로 발전시키는 능력이다.

창의적인 산물이 되기 위해서는 몇 가지의 조건을 갖추어야 한다고 본다.

첫째, 혁신성(newness)이 있어야 한다. 이것은 형태적인 혁신성이라기 보다는 구조적인 혁신성으로서 원리나 사상이 새로운 방식으로 표현되거나 작용된 것을 의미한다.

둘째, 가치성(valueness) 또는 적절성(appropriateness)이 내재해 있어야 한다. 이는 그 산물이 인간의 삶에 가치롭게 유용하며, 주어진 과제 해결이나 상황에 적절하고도 타당한 것이어야 함을 말한다.

셋째, 농축성(condensation)인데, 이는 가치성 또는 적절성으로부터 도출된 것으로서 그 산물이 사상이나 원리 등 복잡한 성격의 것들을 얼마나 많이 그리고 간결하게 가지고 있는가의 정도를 나타내는 것이다. 그런데 이들 세 가지 요인은 서로 분리되고 독립적인 것이 아니라, 상호의존적이고 보완적인 관계에 있다.

(2) 과정론

창의성을 어떤 문제나 자극으로 야기된 사태에서 시작되는 지적, 정적인 과정으로 보려는 입장이다.

Ghiselin(1961)은 창의성을 자기의 주관적 생활을 조직하는 데서 보이는 변화와 발전과 진화를 추구하는 과정으로서 기존의 질서에 대한 불만으로부터 시작해서 새로운 질서에 대한 발견 또는 완성으로 끝나게 된다고 하였다.

Rogers(1959)는 그의 창의론 서설에서 "창의력이란 하나의 새로운 결과를 야기하는 행동의 출현인데 그것은 그 개인의 독특성과 그 개인을 둘러싼 사건, 사람, 자료, 자기의 생활상의 어떤 사정 등에서 생성되는 과정이다"라고 하며 이러한 과정을 찾는 동기를 가리켜 그는 자기 실현 또는 자기 표현의 경향성이라 부르고 있다. 또한 Rogers는 창의성을 위한 중요한 조건을 다음과 같이 주장한다.

1 심리적인 안정(psychological safety)

심리적 안정이란 개인의 감정, 충동, 사고, 행동상의 완전한 자유가 허용된다는 것을 의미한다. 이것은 창조적인 분위기로서, 융통성이 있고 수용적인 환경 속에서 가능하다.

2 평가의 내면적인 장(Internal focus of evaluation)

이것은 창의적인 결과에 대해 창의성이 있는가를 판단하고 평가하는 주체가 본인 자신으로 보는 입장을 말한다. 즉 어떤 외적, 객관적 기준이 아니다. 본인 스스로가 평가자가 되어서 결과가 자신을 만족시키는지, 또는 자신의 생각, 노력, 감정이 반영되었는지와 같은 기준을 갖고 평가하는 장면을 말한다.

3 아이디어나 새로운 가능성을 다루는 능력(A willingness to play with ideas, to play with new possibilities)

어떤 요소나 개념을 새롭게 변환시키는 노력을 통해서 모든 가능성을 노출시키고, 그 속에서 새로운 것을 찾아보는 일련의 학습 활동이 자유롭게 허용되는 분위기를 말한다. 가설을 용감하게 설정해 보는 태도 및 능력, 여러 가지 아이디어, 형태 등의 요소를 자유롭게 배치, 대치, 결합시켜 보는 노력 및 태도가 강조되고 격려되는 것이다.

4 경험에로의 개방성(openness to experience)

이것은 외부 세계에 대한 새로운 흥미나 경험과 새로운 아이디어를 수용하는 것이다. 개방성이란 어떤 개념, 가설, 신념 등을 지각하고 해석하는데 있어서 편견과 엄격함을 배제하고, 침투성을 인정하고, 모호한 것에 대해 관용적인 것을 의미한다. 즉 모호한 상황이 주어졌을 때, 그러한 상황을 피하거나 없애지 않고 그 갈등을 받아들이는 능력이나 태도이다.

(3) 문제해결론

창의성에 대한 또 하나의 관점은 인간의 필요와 어떤 결핍에 의해 파생되는 문제에 대한 해결력을 창의성의 본질로 파악하는 입장으로 방법적인 측면을 강조한다.

이와 관련된 입장으로 Wallas의 창의적 산출 단계설, Dewey의 문제해결 단계설 등이 있다.

Wallas(1926)는 창의적 산출 단계를 다음의 4단계로 설명하고 있다.

1 준비기(preparation)

문제해결의 준비 활동을 하는 단계로서 문제에 대해 자유스럽게 사고하고, 자료를 수집하며, 해결책을 탐색하는 등 자연스럽게 여러 제안에 귀를 기울이는 마음을 가지는 단계이다.

2 부화기(incubation)

지각 또는 이해된 문제에 대한 해결안을 찾아야 할 필요, 의욕은 일단 가졌지만 그러한 느낌이나 필요를 의식에 가지고 있지 않은 단계이다. 이 부화기는 다시 둘로 갈리는데 첫째는 매우 소극적인 단계로서 개인이 그 문제를 의식적으로 생각지 않는 때를 말하며, 둘째는 보다 적극적인 것으로 다른 사건 또는 일에 관여하게 됨으로써 먼저 문제를 잊게 되는 때를 말한다.

3 조명기(illumination)

무엇인지는 몰랐지만 지금까지 찾던 행운의 아이디어가 번쩍 떠오르는 단계를 말한다. 이러한 현상을 '암시(intimation)'라고 부르는데 암시현상은 어떠한 감정적 색채도 없는 상태에서 의식 표면에까지 나오게 되며, 이러한 감정적 색채가 배제된 상태를 조명기라고 부르고 이 조건은 인간의 의식적 노력으로 달성 가능하다고 본다.

4 검증기(verification)

조명기에서 암시된 해결안으로서의 아디어의 타당성을 검증하고 그 결과에 따라 완전한 아이디어로 정리하게 되는 것까지를 포함한다. 이러한 사고기술을 촉진시키는 방법으로서 Wallas는 아래와 같은 습관을 형성하는 일이 바람직하다고 제언하고 있다.

① 창의적 과업 수행을 위한 시간을 정하여 갖는다.

② 항상 워밍업(warming-up) 단계를 갖는다.

③ 어떤 창의적 과업을 수행하는데 있어서 남에게 뒤진다고 동요하지 말아야 한다.

④ 창의적 과업 수행을 위한 일정한 장소를 갖는다.

⑤ 일반적으로 흩어져 나오는 아이디어를 메모해서 노트에 첨부해 두고 늘 볼 수 있도록 한다.

Dewey는 창의성을 표현의 통합성, 자아의 발견, 무의식적 상상 활동, 보다 깊은 자아 개념을 갖게 되는 것 등으로 설명하고 있으나, 그의 문제해결의 단계 모형을 창의성과 관련시켜 언급하지는 않았다.

Dewey의 모형은 과학적 문제해결을 위한 사고 단계로 불리우는데 이는 다음과 같은 다섯 가지 단계를 포함하고 있다.

① 문제의 감지 : 문제를 느껴 아는 단계로서 '감지된 요구' 라고 표현되며, 가장 중요시되는 단계로서, 문제를 보는 눈, 문제에 대한 민감성이 강조된다.

② 문제의 상태 및 의미의 파악 : 문제에 대한 깊은 이해를 하는 과정으로, 자료의 전체적 구조 속에서 문제가 되는 부문, 또는 요소가 무엇이며, 그것이

해결된 상태는 구체적으로 어떤 상태를 의미하는가를 미리 구상화하는 능력을 요하는 과정이다.

③ **가능한 해결책의 제시** : 문제의 소재와 문제의 의미가 결정되면 문제해결자는 여러 가지의 가능한 행동 방침을 결정한다. 이것은 바로 여러 가지의 가설적인 해결책을 뜻하며 가능한 많은 해결안을 열거해 보는 과정이다.

④ **결과의 예상** : 나열된 해결책 하나하나를 실제와 관련지어서, 실제에 적용했을 때 어떠한 결과가 나타날지를 예측하는 과정이다. 즉 제안된 방법의 효율성을 비교, 검토, 판단하는 과정을 뜻한다.

⑤ **해결책의 검증** : 제시된 특정 해결안을 관찰과 실험 결과에 의하여, 받아들일 것인가 또는 거부할 것인가를 결정하는 과정이다.

(4) 성격특성론

창의성을 성격 발달의 과정으로 보려는 입장과 창의성 자체를 성격의 일부로 보려는 입장이 여기에 속한다. 그리고 이들 관점의 공통점은 성격을 개체의 환경에 대한 반응체제로 본다는 것이다.

Freud는 창의성을 창의적 상상과 동일시했는데 이 창의적 상상은 개인이 갖는 갈등에 연유한다고 보았다. 인간은 누구나 어렸을 때의 즐거웠던 유희나 다른 경험을 계속시키는 상상, 백일몽과 같은 대치 현상을 가짐으로써 현실에서의 갈등을 해소하려는 본능을 가지고 있는데 대부분의 창의적 소산은 이러한 과정에서 자유스럽게 나타나는 공상이 구체화된 것이라는 것이다.

따라서 갈등 또한 억압된 정서의 누적을 해소하는 과정에서 나타나는 공상을 어떻게 받아들이느냐에 따라 인간은 창의적인 사람이 될 수도 있고 그렇지 못할 수도 있다는 것이다.

이러한 정신분석학적 접근과 다른 측면에서 창의성을 논하는 심리학자는

Maslow이다.

Maslow(1959)는 창의성을 일차적 창의성과(primary creativity)과 이차적 창의성(secondary creativity)으로 크게 구분하고 있다. 일차적 창의성은 인간 누구나 가지고 있는 것으로서 사회적으로는 평가될 만한 것은 아니지만, 개인에게 있어서는 새로운 가치있는 경험이라는 면에서 자아 실현적 창의성을 뜻한다.

그리고 이차적인 창의성은 천재, 과학자, 발명가, 예술가 등의 특수한 인간에게서 볼 수 있는 창의성으로서 사회적으로 새로운 가치가 있느냐, 없느냐에 따라 평가되는 특별한 재능의 창의성을 의미한다. 교육에 있어서는 이 두 가지의 창의성이 연관되어 있지만, 특히 일차적인 창의성을 교육의 대상인 사람 누구에게나 잠재화되어 있는 능력이라는 점에서 교육현장에서 중요시 되어야 할 요인이다.

제 2 장 유아의 창의성 발달과정

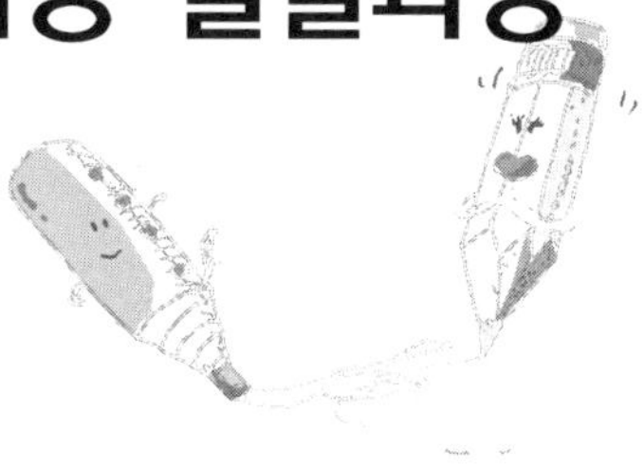

1) 유아기의 창의성 발달

유아기는 인간의 성장 발달에 지대한 영향을 끼치며 각 개인의 지적 성장과 신체적 성장이 가장 활발하게 이루어지는 시기이다. 또한 유아기는 공상적이며 호기심이 많아 질문을 많이 하고, 이러한 다양한 호기심을 스스로 풀어나가려고 하는 생동감이 넘쳐흐르는 시기이기 때문에 이 시기에 창의적인 행동을 한다는 것은 자동적이며 자연스런 현상이라고 할 수 있다.

유아기의 창의적인 행동은 물활론적 사고나 상상놀이, 역할놀이, 그리기, 만들기, 신체표현 등의 다양한 형태로 표현되고 발휘된다. 즉 유아들은 주위에 있는 다양한 자료(점토, 물감, 적목 등)를 갖고 실험하거나 조작하면서, 또는 언어를 사용하여 자신의 생각과 느낌을 자발적으로 표현하면서 창의성을 키워가게 된다.

유아기에 다양하고 질적으로 좋은 경험을 한 유아들은 전인으로 성장 발달하게 되는 조건을 갖게 되는 것이며 아울러 창의성도 개발될 수 있는 것이다.

유아기에 창의력이 급속히 성장한다는 것에 대부분의 학자들이 동의하고 있다. 일반적으로 유아에게 창의적인 자기 표현이 발달하는 시기를 2~6세 사이의 기간으로 보고 있다. 그러므로 이때 유아에게 창의성이 개발될 수 있는 환경적인 조건이 제공되어야 하는 것은 매우 중요한 과제라고 할 수 있다.

전조작기 유아는 정신 구조적으로 주관과 객관이 미분화되고, 자기 중심적인 특성이 강하기 때문에 사고 방식이 기존의 전통적인 생각이나 관념들에 집착하지 않고, 새로운 연합과 관계를 형성할 수 있도록 창의적일 수 있는 것으로 간주된다.

Gardner(1983)는 창의성을 두 가지의 요소로 분리하였는데 그 하나는 창의성 발달의 첫 단계로서 유아의 상징적 산물(symbolic products)에 나타나는 상상력과 탐구심을 표현하고자 하는 정서적 차원이고, 다른 하나는 유아기 학습활동을 통해서 습득하게 되는 것으로 유용한 산물을 만들어 낼 수 있는 기술과 지식의 차원이다.

또한 Gardner에 의하면 적어도 유아기는 약 7세 정도까지 비교적 구조화되지 않은 '창의적 지향'에 시간을 보내며, 그들이 하고 싶은 대로 자신의 힘으로 자료에 접하고 무엇이 자신의 능력을 가장 잘 발휘할 것인가를 발견할 기회를 가져야 한다고 창의성 발달을 위한 유아기의 바람직한 활동과 경험의 중요성을 언급하였다.

따라서 유치원 활동에서 다양한 활동과 경험을 제공하여 유아로 하여금 자신의 능력과 흥미를 발견하고 그와 관련하여 긍정적 경험을 할 수 있도록 하여야 한다.

Torrance(1967)는 유아의 창의성이 4세부터 4세 반 사이에 절정을 이루며, 5세경에 학교교육이 시작되면서 서서히 감퇴 현상이 일어난다고 하였다. 창의성은 유아기의 변형적인 분위기(transformative atmosphere)에 의해 촉진되며, 지나친 모방적인 통제에 의해서는 손상된다고 하였다.

어릴 시절 자연스럽게 나타나던 창의성이 한번 약화되면 다시 회복하거나 재생시키기 어렵기 때문에 유아의 창의성 향상을 위해서 교사는 다양한 자료와 활동 시간을 제공하고 유아가 자유로이 자신의 아이디어를 실험하고 표현할 수 있는 환경을 유지하여 창의적인 행동을 강화하고 촉진시킬 수 있도록 해야 한다. 그러므로 유아기의 창의성 지도의 주된 관심은 유아로 하여금 이러한 경험을 통하여 자신의 개성과 독창성을 비판이나 실패의 두려움 없이 표현하고 발휘할 수 있는 자신감과 자율성을 기르는데 두어야 할 것이다.

이상을 종합하여 보면 창의적 자기 표현의 발달이 최고조에 달하는 결정적인 시기인 유아기에 바람직한 교육환경을 제공하여 창의성을 육성하려고 노력한다면, 후에 유아는 자신이 직면하게 되는 다양한 문제상황을 지혜롭게 해결할 수 있는 기초적 능력을 형성할 수 있을 것이다.

2) 유아의 창의성 발달에 영향을 미치는 요인

유아의 창의성 발달에는 여러 가지 요인들이 복합적으로 상호 관련된 가운데 영향을 미친다고 할 수 있는데 정범모(1974)는 개인의 창의적 행동을 지배하는 개인적, 환경적 특성과의 관계를 다음과 같이 도식화하였다.

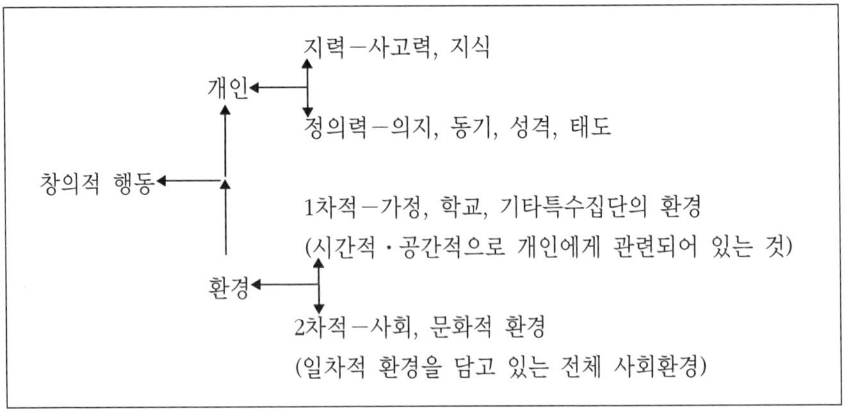

* 출처 : 정범모(1974), 지력의 교육, 창의력의 본질, 신세호(편), 서울 : 배영사.

위의 내용을 기초로 창의성 발달에 관련된 요인을 크게 분류하면 다음과 같다.

(1) 환경적 요인

창의성이란 환경의 영향에 따라 통제를 받는 능력으로, 인간의 사고 · 감정 · 감각 · 실험 · 탐구 · 상상 등이 자유로이 반응하고 행동할 때 창의적인 행동을 유발하게 된다.

그러므로 풍부하고 다양한 환경, 자유롭고 개방적인 환경과 원만한 대인관계는 유아가 가지고 있는 창의성을 발휘시킬 수 있는 분위기가 된다.

유아들은 주위환경에 대해 감수성이 예민하고 반응작용이 빠르기 때문에 창의성을 발휘할 수 있는 풍토를 조성하여 유아의 창의성의 싹이 자유로이 신장될 수 있도록 해 주어야 한다. 유아의 창의성을 증진시킬 수 있는 학습분위기는 도전의식의 존중, 심리적 자유, 허용적인 학습분위기, 적절한 자극과 통제, 성취감을 느낄 수 있는 환경이 마련되어야 한다.

Hendrick(1975)은 유아의 창의성 발달을 촉진할 수 있는 환경적 요인으로 수용적인 분위기, 교사의 지적 호기심, 반응적 환경, 자발적인 학습 기회의 제공, 교사의 준비성, 유아의 개성과 독자성의 존중, 유아들 간의 능력과 경험이 유사한 집단의 구성 등을 들고 있다. 그 가운데 수용적인 분위기는 다른 사람의 입장이나 행동을 이해하고 존중하는 대인관계의 장면이나 심리적인 과정을 의미하는데, 인간미 넘치는 분위기는 유아는 심리적으로 안정감을 느끼하고, 이런 느낌을 가질 수 있게 되면 자기 표현을 적절히 할 수 있기 때문이다. 따라서 차갑고 억압적인 분위기에서는 창의성이 억제되고 만다.

또한 교사의 지적 호기심도 유아의 창의성을 자극한다. 유아들은 입학 당시에는 학습에 대한 호기심과 흥미를 갖지만 차츰 학습에 대한 열기가 식어진다. 그 중요한 원인의 하나로서 교사의 지적 호기심을 들 수 있다. 창의적 활동에 대한 동기부여와 지적 호기심이 높은 교사에게 지도를 받는 유아는 창의적 활동이 활발하지만 지적 호기심이 낮은 교사의 지도를 받으면 도리어 창의적 활동이 저하된다고 본다.

창의적인 교사는 교사 자신의 창의성에 대한 감화력에 의하여 유아를 변화시킬 수 있는 힘이 있으며, 깊은 통찰력을 통하여 유아의 선천적인 재능을 개발하여 신장시킬 수 있다.

반응적 환경이라는 것은 유아가 자기 주변환경과 상호작용을 하면서 학습에 대한 흥미와 의욕을 일으키도록 자극을 주는 환경을 의미한다. 무미건조한 학습환경에서는 유아의 바람직한 학습이나 창의력을 기대하기 어렵기 때문이다. 호기심에 대한 적절한 지도, 학습활동에 대한 적절한 자극과 격려는 유아의 학습활동에 효과적으로 작용하게 되어 창의성을 증진시킬 수 있는 것이다.

유아에게 자율적이고 자발적으로 학습할 수 있는 여건을 마련해 주는 것도 매우 중요하다. 유아가 광범위한 자유와 상상력을 가지고 환경에 반응할 수 있으며, 유아의 주체성이 존중되어지고, 자발적인 활동이 권장되어질 때 창의성의 발달을 기대할 수 있다.

왜냐하면 타인의 생각에 무조건 동조하고 추종하는 분위기에서는 독창적인 사고를 기대하기 어렵기 때문이다. 일상생활이나 어떤 과제를 수행함에 있어서 스스로 생각하고 판단하여 행동함으로써 그 결과에 대해 책임을 지도록 권장하는 심리적 환경은 그 자체가 창의적 사고를 유발하는 것이 된다고 할 수 있다.

창의성 개발을 위해서는 성취감과 자신감을 갖는 것이 필요하기 때문에 아동이 가진 순수한 동기를 권장하고 강화시키는 성취 지향적인 분위기가 조성되어야 한다. 또 창조 활동이 매우 가치있는 것임을 아동에게 자극시키는 것도 필요한 일이다.

교사들은 일반적으로 개인차에 흥미를 가지고 개별 지도의 필요성을 인식하면서도 집단기준에 동조하도록 강조하는 경향이 있기 때문에 개성의 발달을 억제하게 된다. 유아들이 자기의 재능에 자신감과 긍지를 가지도록 개성과 독자성을 존중하는 것이 중요하다.

또한 능력과 경험 정도가 유사한 집단을 구성하는 것도 중요한데, 유아들은 능력이나 경험이 서로 비슷한 동질적인 집단에서는 사회적 스트레스를 받지 않고 안정감과 즐거움을 가지고 활동을 할 수 있기 때문이다.

Hurlock(1978)은 창의성에 영향을 미치는 요인으로 성, 가정의 사회·경제적 지위, 출생 순서, 가족의 크기, 지역성, 지능 등을 들고 있는데 이들 중 많은 부분이 가정환경과 관련이 있는 것으로 보고 있다.

① 성 : 어린 시절에는 창의성이 여자 보다 남자가 더 높은 것으로 나타나며 이것은 남자가 창의성 발달에 대한 기회가 더 많으며 주위에서 그렇게 기대받고 있기 때문이라고 한다.

② 가정의 사회·경제적 지위 : 사회·경제적 지위가 높은 집단에 속하는 유아들은 낮은 집단에 속하는 유아에 비하여 창의성이 높다. 전자는 유아를

민주적으로 키우며 유아의 표현력을 길러 주고, 그들의 흥미와 선택의 능력이 길러지기 때문이라고 할 수 있다.

③ **출생 순서** : 첫째 아이보다 둘째 아이나 막내가 창의성이 높다고 하였다. 그 이유는 맏이는 막내보다 부모의 기대에 부합되도록 압력을 받으며 성장하고, 순종하는 자녀로 키워지기 때문이라고 하였다.

④ **가족의 크기** : 핵가족의 유아가 대가족의 경우보다는 창의성이 더 높다. 대가족의 경우 권위주의적으로 양육되어지기 때문에 핵가족에 비해 창의성의 발달이 저해되는 것으로 본다.

⑤ **지역성** : 도시의 유아들이 기타 지역의 유아들 보다 창의성이 더 높은 것으로 본다. 그 이유는 농촌 가정이 도시보다 창의적인 환경의 조성이 어렵고 더 권위주의적이기 때문이다.

⑥ **지능** : 지능이 높은 유아들이 성장할수록 보다 더 창의적인 것으로 나타났다. 이러한 유아들은 아이디어가 새롭고 독창적이어서 지도자로 선출되는 등, 여러 가지 기회가 부여되기 때문이다. 즉, 지능이 높은 유아는 활동 진행에 협력적이며 이해가 빠른 반면 관심을 나타내는 영역이 좁고, 창의성이 높은 유아는 교사의 발언에 비판적이며 자기의 의견을 주장하고 때로는 활동과 직접 관계가 없는 것에 관심을 나타내는 일이 많으며, 흥미가 다양하기 때문에 어느 특정한 활동에 전념하지 않는 인상을 주기 쉽기 때문이다.

이외에도 유아의 창의성 발달에 관련된 환경적 변인으로 가정환경을 들 수 있다.

가정은 인간이 출생하면서 운명적으로 관계를 맺게 되는 1차적인 사회라고 할 수 있다. 가정은 혈연적인 관계로 인하여 여타의 사회환경보다 결속력이 강하며, 사회 생활의 기초를 확립한다는 점에서 다른 사회환경보다 중시되고 있다.

부모는 가정 내에서 주도적인 역할을 하는데, 유아의 양육과 훈육에 책임을 지며, 한 가정의 지위나 구조를 결정하게 하는 변수이며, 유아가 성장할 때까지 모델의 역할을 담당하기 때문에 매우 중요한 인적 요인이다.

창의적인 유아의 가정은 자유롭고, 편안하면서도 자극적인 분위기로 인하여 창의력 촉진에 매우 유리하다고 본다. 유아들과 부모는 긍정적인 대화를 하고 유아들의 질문과 호기심 그리고 독특한 생각과 표현을 부모가 존중해 주기 때문이다.

창의성을 개발해 주는 부모들의 자녀지도의 특성은 지나치게 엄격하거나 명령하지 않으며, 제한된 행동의 규범을 강요하지 않으며, 사고의 독립성을 인정해 주는 것이다.

유아들이 상상적으로 사고하거나 문제해결을 시도하는 것을 지지해 주는 환경이 창의성 개발에 바람직하다. 책임감을 가지고 한 가지 일에 열성적으로 몰입되는 것은 그것이 큰 의미가 없는 것처럼 보여도 이것을 부모들이 수용하고 존중하는 분위기가 창의성 개발을 위하여 필요하다고 할 수 있다.

Torrance는 부모의 양육태도가 유아의 창의성 육성에 중요한 역할을 한다고 주장하면서 부모가 자녀에 대해 지나치게 간섭적이면 반대로 창의성이 육성되지 못한다고 하였다. Torrance는 창의적인 유아를 기르기 위해 고려할 양육태도를 다음과 같이 제시하고 있다.

① 창의적 사고와 창의적 성취에 가치를 두는 환경에서 양육한다.

② 유아의 행동을 부모의 가치 기준에 의해 평가하지 않는다.

③ 창의적 사고가 필요한 문제 사태를 많이 제시해 준다.

④ 비록 하찮은 의견을 말할지라도 나쁘게 평가하지 않는다. 왜냐하면 비판적인 평가는 유아의 창의성을 말살하고 자신감을 박탈하며, 유머 감각을 둔화시키기 때문이다.

(2) 정의적인 요인

창의성 발달에 영향을 주는 정의적 요인으로서 집중력과 과제집착력, 동기, 개방성을 들 수 있는데 그 구체적인 점은 다음과 같다.

첫째, 특정 영역에 대한 종합적이고 자세한 지식과 기능을 갖기 위해서는 훈련을 통해서 특정 주제에 대한 집중력을 갖추어야 한다. 주의 집중은 정보와 자료를 수집, 분석, 평가, 정교화하는 데 필요하다.

둘째, 적절한 동기, 특히 내적 동기는 창의성의 주요 전제조건이다. 내적 동기는 한 개인이 스스로 과제 수행을 시작하고 과제를 수행하는 자체를 보상으로 지각하여 몰두하고 만족감과 흥미를 느끼는 것으로 잘 풀리지 않는 과제에 끈기 있게 매달리고 집착을 보일 때, 그 사람은 내적으로 동기화된다고 볼 수 있다.

이상을 근거로 해서 살펴보면 창의성 발달에 영향을 주는 정의적인 변인으로는 주변 세계와 문제에 대해 예민한 관심과 호기심을 보이는 민감성, 다양한 경험을 수용하여 고정적이거나 폐쇄적이지 않고 모든 가능성을 수용할 수 있는 개방성, 자신이 성취하고자 하는 일을 포기하지 않고 몰두하는 집착성, 타인에게 의존하지 않고 자신의 힘으로 해결하려고 하는 독립성, 안정적으로 안주하기보다는 위험을 감수하며 장애를 극복하려는 의지 등을 들 수 있다.

(3) 인지적인 요인

Guilford(1967)는 지능을 구성하는 정신 능력 중 특히 확산적 사고의 측면이 창의성과 관계가 있다고 보았다.

확산적 사고(divergent thinking)는 창의적 성취를 위한 기초적 수준의 능력으로서 가장 널리 알려진 요인이다. 확산적 사고는 외부로 발산되는 사고 과정이며, 독창적인 견해에서 나온 새로운 아이디어를 탐색하는 사고 과정으로서, 잠정적이며 탐색적이고 창의적인 특성을 가진다.

이외에도 창의성 발달과 관련된 인지적 요인으로 문제해결력을 들 수 있다. 문제 해결력은 일련의 기술과 능력의 복합체로서, 문제 발견, 문제 정의 및 재정의, 문제의 표상 선택, 문제해결 전략의 선택, 평가 등의 능력으로서, 이 중 문제 발견(problem finding) 능력이 창의성과 가장 중요하게 관련을 맺고 있는 능력이다. 문제해결력은 주어진 사물의 특성을 재빠르게 인지하는 능력, 사물이나 아이디어를 분류하는 능력, 관계를 인지하는 능력, 대안적인 결과를 생각해 내는 사고, 목적의 특성을 나열하는 능력, 논리적인 해결책을 만들어 내는 능력 등을 의미한다.

제 3 장 창의적인 학습활동을 위한 전략

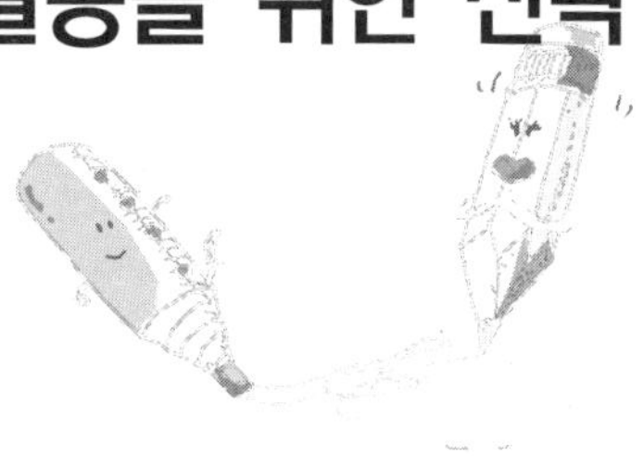

1) 창의성 함양을 위한 학습 원리

급변하는 사회와 과학 발전의 추세로 보아 미래사회는 국가나 개인간의 경쟁으로 인해 과거의 제한된 지식이나 경험만으로는 대처하기 힘들 것이다. 그러므로 앞으로의 교육은 고정된 지식과 기술의 습득보다는 일상생활을 영위하는데 수반되는 문제를 해결해 나갈 수 있는 창조적인 문제해결 능력을 신장하는데 주력해야 될 것이다.

결국, 미래의 사회에 적응하고 생존하기 위해서는 능동적으로 새로운 방법을 스스로 찾아낼 수 있는 능력, 곧 창조성을 필수 능력으로 함양하지 않으면 안 되는 것이다.

창의성의 함양이 필요한 구체적인 이유를 살펴보면 다음과 같다.

첫째, 정보과학의 급속한 발전으로 인한 정보와 지식의 폭발적 증가는 축적된 정보로써 지식을 생성하는 능력을 요구하고 있기 때문이다. 창조성은 다양한 지식의 생산을 가능하게 하는 원동력이 된다.

둘째, 모든 인간은 저마다 독특한 능력과 개성을 지니고 있으며, 스스로의 결정에 따라 행복을 추구할 권리를 가진다. 그러한 개인이 자신의 행복을 추구하기 위해서는 자기에게 합당한 일을 스스로 선택하고, 방법을 결정하며 추진해 나감으로써 자아 실현을 이룰 수 있어야 하기 때문이다.

셋째, 사회 문화가 심화되고 전문화, 다양화됨에 따라 항상 창의적인 문제해결 방식이 요구되기 때문이다.

창의력은 가치 문제의 해결에 요청되는 능력이란 점에서 그 중요성을 지적할 수 있다. 가치 문제란 외부나 문화로부터 주입되는 것이 아니라 창조적·비판적 사고를 바탕으로 자신이 선택하는 것이다.

넷째, 교육의 목적이 인간의 잠재 능력을 최대한으로 실현하도록 하는 것이라면 그 잠재 능력 중 문제해결에 도움이 되는 능력을 최대한으로 개발할 수 있도록 해야 하기 때문이다.

창의성 함양을 위한 교육의 구체적 목표를 신세호(1968)는 다음과 같이 제시한다.

① 자신의 창의적 능력을 깨닫게 하는데 있다.

② 창의적 사고를 저해하는 문화적 장애, 감정적 장애, 지각적 장애를 알도록 하며, 그것을 극복하는 태도와 기술을 습득시킨다.

③ 문제에 대한 민감성, 타인의 의견에 대한 개방적 태도를 갖도록 한다.

④ 문제를 창의적으로 해결하려는 태도와 이에 필요한 사고 기술을 습득시킨다.

⑤ 생활주변의 문제를 여러 측면에서 인식하고 분석할 수 있는 능력을 갖도록 한다.

⑥ 어떤 문제를 해결하는데 있어서 반드시 한 가지의 정답과 같은 방식이 있는 것은 아님을 알도록 하며, 더 좋은 방법이 있다는 신념을 갖도록 한다.

⑦ 언제나 자기 나름대로 새롭게 남들과 다른 아이디어, 작품, 표현 등을 찾아보는 습관을 형성시킨다.

⑧ 확산적 발상기법을 익히도록 한다.

⑨ 다양한 흥미, 폭넓은 경험을 갖도록 격려한다.

⑩ 사물을 관찰하는데 있어서 편견없이 있는 그대로를 정확하게 보는 습관을 키우며 지적 정직성을 갖도록 한다.

⑪ 떠오르는 아이디어, 감정을 기록하고 표현하는 습관을 형성시킨다.

(1) 창의성 함양을 위한 학습활동의 절차

창의성을 함양하기 위한 학습지도 방법은 평소 모든 교육활동에서 탐구학습법, 발견학습법을 활용하면 유용하다고 할 수 있다. 창의성 함양을 중시하는 학습활동의 절차는 다음과 같다(신세호, 1968).

1 창조적 사고를 조장하는 분위기의 수립

- 수업활동 시간에 생각할 여유를 갖게 하고 딱딱한 분위기를 배제한다.
- 창의적인 사고의 가치를 수업 시간 중에 함께 토의한다.
- 우리가 평소에 당연히 받아들이는 설명이나 개념 중에서도 결함과 모순이 있음을 알게 한다.
- 모든 사람이 내놓는 사고는 다 그 나름대로의 가치가 있음을 알게 한다.
- 사고를 풍부하게 해 주는 제반 활동에 참여하도록 한다.

2 창조적 사고와 결과를 이끌어 내는 학습 활동의 전개

- 눈에 띄지 않는 특성, 대상 및 관계에 촛점을 맞춘다.
- 문제에 대해 가지고 있는 가정을 다시 생각해 본다.
- 사고의 계통도를 만들어 본다.

· 기존의 해결 방식에서 어느 부분을 빼거나 뒤바꿔봄으로써 새로운 사고를 탐색한다.
· 이상한 것을 친밀한 것으로, 그리고 친밀한 것을 이상한 것으로 유추한다.

3 제안된 아이디어를 평가하고 검증하기

어떤 아이디어를 내놓더라도 비판보다는 수용을 해 주어 동기를 유발시켜 주는 것은 가장 중요한 요소이다.

창의성을 기르려는 학습활동에서 교사가 당면하는 여러 가지 문제 중 어떤 학습 환경 속에서 어떻게 학습활동을 지도, 전개할 것이냐 하는 문제는 창의성 개발에 있어서 가장 기본적인 전략이라고 할 수 있다.

즉, 창의성을 함양하기 위한 학습은 학습자, 교사의 행동, 학습분위기, 선택된 경험과 내용 등의 여러 변인에 의해 좌우되는 것이다.

(2) 창의성 함양을 위한 일반적인 학습 원리

창의력은 모든 학습자에게 잠재적으로 내재되어 있는 능력으로 환경 조건 및 제반 교육적인 상황에 의해 개발, 육성되기도 하고 저해되기도 한다.

따라서 창의력을 촉진시키기 위해 어떠한 학습 풍토와 여건을 조성하여 학습을 지도하느냐는 중요한 문제가 아닐 수 없다.

이와 같은 점을 고려하여 창의성을 증진시킬 수 있는 일반적인 학습 지도 방안을 제시하면 다음과 같다.

① 학습 문제에 대한 독창적인 문제해결 방안과 절차를 발견하게 한다. 자료를 새롭고 다양한 방법으로 연관지어서 하나의 새로운 의미를 만들어 보게 한 것이다. 즉, 유아로 하여금 주변환경에 어떤 사물이나 개념에 자기의 지각과 경험을 새롭고 독특하게 적용시켜 문제의 해결을 모색하도록 하는

것이다.

② 학습자의 능력 수준에 적절한 문제 상황을 제공한다. 학습이란 학습자 개개인의 능동적인 활동이므로 모든 학습지도는 학습자의 능력 수준에 적합하여야 한다.

따라서, 창의성을 기르려는 학습활동에서는 지나치게 쉽지도 어렵지도 않은 문제를 제시하여야 한다. 왜냐하면, 지나치게 쉬운 문제는 도전할 의욕을 감퇴시키고, 지나치게 어려운 문제는 도전할 엄두를 내지 못하기 때문이다.

③ 학습자에게 문제해결을 위한 기본적인 방법을 제시한다.

문제해결에 활용할 수 있는 일반적인 사고 방법과 기타 문제해결 방법을 제시하여 주어진 문제를 창의적으로 해결하는 경험을 통해 학습자의 창의력은 크게 개발될 것이다.

④ 학습자의 창의적 성취에는 보상과 feedback을 해 준다. 학습자의 학습결과가 확인되고 검토되는 상황에서 유아는 자신이 고안해 낸 아이디어의 타당성을 알게 되고 스스로 평가하게 되기 때문에 유아의 활동결과에 대한 보상과 적절한 피드백은 창의적으로 사고하고 활동하려는 의욕을 높이고 자율성을 강화하게 된다.

교사가 유아의 창의적 성취를 자극하고 보상하기 위해서는 다음과 같은 점을 고려해야 한다.

- 유아가 관심을 갖고 있는 질문이 매우 독특하고 기발한 것이라는 느낌을 인식시켜 주고
- 유아들이 제기한 문제 해결 방법이 기발하고 훌륭한 아이디어라고 칭찬을 하고
- 유아들의 생각이 매우 가치있는 것이라고 해 주며
- 자발적 학습을 위한 기회를 제공해 주고 또한 자신의 학습에 신뢰를 갖도록 해 주며

· 교사의 즉각적인 평가는 보류하고 유아 스스로 학습하고 생각하고 발견하도록 기회를 제공해 주어야 한다.

이와 같은 자극과 보상은 창의적으로 사고하려는 의욕을 유발하고 학습과제와 새로운 문제 사태에 능동적이고 적극적으로 해결하려는 내적 동기를 더욱 강화시킨다.

⑤ 다양한 영역에 걸쳐 기본 개념과 원리를 학습하게 한다.

무엇이든지 유아 스스로 발견하도록 한다고 해서 창의성이 바로 형성되는 것은 아니며, 개념과 원리는 대상을 관계 지우고 사태를 관계 지우는데 도움을 주어 새로운 개념, 원리 형성에 촉진제 역할을 하기 때문이다.

⑥ 교사 또는 동료들과 상호작용할 기회를 주어야 한다.

교사 그리고 다른 유아로부터 새로운 정보와 사실, 아이디어, 경험 등을 얻어 자신의 사고를 합리적으로 변형하고, 비판적으로 수용하는 태도와 능력이 길러질 수 있기 때문이다.

⑦ 개방적이고 반응적인 환경을 조성한다.

유아 개개인에게 자신의 아이디어나 감정 등을 표현할 수 있는 용기를 북돋아 주고 심리적인 안정감을 부여하는 개방적인 환경과 유아 스스로가 학습에 대한 흥미와 의욕을 일으키도록 자극을 주는 환경 조성이 필요하다.

⑧ 풍부하고 활용이 용이한 창의적인 학습자료를 준비한다.

제한된 자료는 경직된 사고를 갖게 한다. 그러므로 학습 자료는 호기심을 자극하고 주의를 집중시킬 수 있어야 한다. 또한 학습을 안내할 뿐만 아니라 학습된 개념과 원리의 이해력을 높일 수 있고 다양한 아이디어를 고안할 수 있도록 자극하는 다종다양한 학습 자료를 교사는 준비하여야 한다.

(3) 유아의 창의성 개발을 위한 학습활동의 원리

유아의 창의적 태도와 기술은 자기 표현적 활동과 가상놀이 기타 사고의 독창성을 격려하는 다양한 학습활동을 통하여 증진시킬 수 있다. 이러한 활동들을 지도할 때 고려해야 할 점은 다음과 같다.

① 허용적인 분위기에서 자발적으로 유아의 호기심을 탐색할 수 있어야 한다. 자율적인 학습분위기에서 다양하고 독창적인 사고를 이끌어 낼 수 있으며, 교사는 유아의 독특한 질문이나 아이디어를 가치 있게 받아들여야 한다.

즉, 불완전하나마 자기 나름대로 아이디어를 탐색한 것을 더 가치 있는 것으로 평가하고 보상을 주어 사고를 확대시켜 주어야 한다. 또한 교사는 자신의 생각을 유아에게 강요하지 말아야 하며, 유아의 사고 방식에 대해 개방적인 태도를 취해야 한다.

② 지적 자극을 통해 유아의 창의성을 표현하도록 해야 한다.

왜, 무엇이, 언제, 누가, 어디서, 어떻게와 같은 개방식 질문을 통하여 유아의 사고를 자극하고 확대시켜 준다. 또한 다양한 창의적인 행동 모형을 제시해 주어 창의적 사고를 자극할 수 있다.

③ 다양한 문화적이고, 지적인 경험이 제공되어야 한다.

어렸을 때부터 창의력을 높일 수 있는 다양한 자극을 경험할 수 있게 해 주어야 하는데, 그렇게 하기 위해서는 유아에게 무엇이든 직접 조작하고, 구성해 보게 하는, 다양한 지적 경험을 제공할 필요가 있다. 또한 다른 사람이 시도하지 않은 아주 새로운 방법으로 문제를 해결하도록 격려해 주도록 한다.

④ 성역할에 지나치게 얽매이지 말아야 한다.

성역할에 너무 집착할 경우 유아의 개성이 무시되고, 창의력이 방해를 받게 되기 때문에 지나친 성 고정관념에서 탈피하여야 한다.

⑤ 창의적 사고를 진행하는 동안에는 무질서를 인정해 줄 필요가 있다.

정숙하고 정돈된 분위기는 창의적 활동에 도움이 되지 못하기 때문에 자신의 생각대로 활동을 진행할 수 있도록 배려해 주어야 한다.

(4) 창의성의 개발 기법

창의성의 개발은 유아에서 성인에 이르기까지 특별한 교육이나 훈련에 의해서 향상시킬 수 있다고 폭넓게 연구되어 왔다. 창의성의 개발을 꾀하는 학습은, 유아가 지닌 잠재적 가능성을 기능화하는 것이며 이미 습득된 능력을 성취화시키는 것이다.

주체적이고 자발적이며 생동하는 표현을 유도하기 위해서 교사는 감상과는 구별되는 적절하고 구체적인 발상의 단서를 제공해야 하는데 창의성을 개발할 수 있는 방법을 소개하면 다음과 같다.

1 연상법(association)

창의성을 개발하는 과정에서 주도적인 역할을 수행하는 근원은 상상력이라 할 수 있고, 상상력의 원천은 연상작용이다. 그러므로 결과적으로 보면 연상작용이 풍부해야 창의성이 증진된다고 할 수 있다 .

연상법에는 자유연상법과 통제연상법이 있다.

자유연상법은 어떤 순서, 대상, 주제, 방법, 상황을 제시하고, 문득문득 떠오르는 아이디어들을 포착하여 반응하게 하는 방법이다. 예를 들면, '만일 ~이라면 어떻게 될까?' 혹은 어떤 일이 생길까? 등이다.

이때 언어적 제시만이 아니고, 형태, 소리, 몸동작 등을 제시하고 연상되는 것을 반응하게 할 수도 있다. 반면에 통제연상법은 어느 정도 조건을 주어서 제한된 연상을 유도하는 방법이다.

예를 들어, 낱말의 의미를 생각해서 말 이어가기(기차→빠르다→비행→높다→백두산……), 반대말 이어가기(바다－산－강－평야－사막) 등이다.

2 설문법

설문법이란 문제해결을 위한 사고의 과정을 훈련하기 위하여 유아에게 질문을 던지는 기법을 말한다.

창의성을 신장하기 위해서는 발산적인 질문을 하여 충분히 생각할 기회를 제공하여야 하고 이에 대한 다양한 반응을 유도할 필요가 있다.

예를 들어, 다음과 같은 방법으로 질문을 할 수 있다.

① ~할 이야기를 꾸며 보아라.
② ~을 구상해 보아라, ~을 설계해 보아라.
③ 만일 그렇게 되면 그 결과가 어떻게 되겠는가?
④ ~을 해결하는 데에는 몇 가지의 다른 방법이 있겠는가?
⑤ 이것들을 몇 가지로 분류할 수 있겠는가?

3 발산적 자료를 제시하는 방법

유아의 놀이활동은 창의성 함양의 실마리가 되므로 창조적인 작업을 할 수 있는 다양한 자료를 제공하여 유아에게 풍부한 경험을 할 수 있도록 배려하여야 한다. 이때 유아가 다루는 자료는 호기심을 유발할 수 있고, 창조의 욕구를 충족시키는 발산적인 자료이어야 한다.

발산적인 놀이 자료의 예로서는 블록을 들 수 있다. 블록은 유아 스스로가 설정한 목적에서 융통성 있고 자유롭게 구성할 수 있으며 유아 스스로가 계획한 것을 쉽게 재현하며 흥미를 오랫동안 계속시키어 창의성을 계발할 수 있다.

그러나 일정하고 제한된 방법으로만 사용할 수 있는 그림 맞추기(puzzle)와 같은 구조적인 학습자료는 유아들의 자유스럽고 창의적인 활동을 방해하고 그 자료 자체가 본래의 기능과 방법에 의해서만 쓰여지며, 자료 자체의 규정된 반복성은 유아를 권태롭게 한다고 본다.

4 특성 열거법

이것은 어떤 대상(사물·아이디어·방법·과제 등)의 전체나 각 부분(또는 절차)들에 대해, 그 대표적인 성질이나 형태의 특성을 기술하고, 그것을 개선, 변형, 대치하는 등의 발상을 하는 방법이다.

예컨대, '자전거' 가 주제라면 안장, 핸들, 페달, 헤드라이트 등으로 주요 부분 및 전체의 대표적 성질을 기술·제시하고 그것을 하나 하나 재검토, 변형, 개선하는 사고 방법인데 그 절차는 다음과 같다.

① 발상의 소재, 즉 대상을 선정한다.

② 전체 및 각 주요 부분의 성질을 가급적 많이 열거한다.

③ 그 중 개선해야 할 어떤 부분에 대해 집중적으로 브레인스토밍 한다.

④ 쓸만한 아이디어를 선정하고, 그 구체화 방안을 검토·평가한다.

5 심상도법(mind map)

마음 속의 아이디어를 그림으로 그려서 발전시키는 방식의 발상법인데, 어떤 주제나 단서로부터 출발해서 여러 방향, 여러 발전 경로를 거쳐서 비로소 참신한 아이디어로 형성해 가는 것이다.

마인드 맵은 다음의 절차를 따라 작성하게 된다.

우선 주제를 그림과 종이 중앙에 나타낸다. 주제를 표현하는 방법은 함축적인 단어, 상징화한 그림이나 기호, 약화, 일러스트, 만화, 사진, 인쇄물 등으로 가능한 한 주제를 가장 효과적으로 시각화하면서 상상력을 자극할 수 있는 방법으로 택한다.

상상력과 창의력을 위해서는 구체화보다는 추상화를 지향하는 것이 좋다. 주제를 강조하기 위해 색을 사용하거나 선을 특이하게 하여 테두리를 할 수도 있다.

그 주제에 대해 생각할 때 자신의 마음의 움직임이나 방향들을 관찰한다. 주제에 대한 생각이나 아이디어, 관련되거나 속하는 내용들을 범주화하여 큰 범주별 주제를 중심이미지로부터 굵은 가지를 내어 표현한다.

몇 가지 생각들이 한 가지로부터 계속 가지를 쳐나간다. 이것들을 지도로 나타낸다. 또 그 가지로부터 가지를 치는 생각이 계속 이어서 나올 수 있다. 하나의 큰 가지가 해결되었으면 그 다음 큰 가지로 진행한다.

서로 다른 가지들간의 관계를 찾아본다. 이런 관계들은 화살표, 나선, 계단 등을 사용하여 나타낸다. 앞에서 했던 가지에 관련된 내용이 문득 떠올랐을 때 다시 돌아가 가지를 연결하거나 화살표 또는 그 밖의 방법들을 통해 첨가하면 된다.

이러한 작업이 끝났으면, 몇 분 동안 작성된 마인드 맵을 검토해 본다. 그리고 다른 사람의 것과 비교해 본다.

6 브레인스토밍법(brainstorming)

브레인스토밍이란 어떤 특정 주제나 문제에 대하여 '두뇌 폭풍' 이 일어나듯이 생각나는 많은 아이디어를 내놓게 하여 새롭고 우수한 아이디어를 창출하기 위해 사용하는 기법이다. 이 브레인스토밍 방법을 통하여 상상력, 융통성을 기를 수 있고 학생들에게 토론 기술을 강화시키며 문제의 설정 또는 문제를 해결할 수 있다.

이 방법을 제대로 실천하기 위해서는 다음의 원칙을 따르도록 해야 한다.

① 다른 사람이 내놓는 어떤 아이디어에 대하여 비판을 하거나 평가하지 않는다.

② 자유분방한 분위기를 조성한다. 아이디어를 내놓는 분위기에 억압이 없어야 한다.

③ 아이디어의 질보다 아이디어의 양을 추구한다. 아이디어의 양이 많을수록 시행 가능한 아이디어를 선택할 폭이 커진다.

④ 아이디어의 결합과 조합을 통해 개선을 한다. 이미 제안된 아이디어를 결합해 보고 조합해서 얼마든지 더 좋은 아이디어로 발전시킨다.

⑤ 문제해결의 방법은 다양해야 한다.

⑥ 참석자들은 다른 참석자의 생각을 참고로 하여 자신의 생각을 보완하거나 종합한다.

⑦ 참석자들은 그 문제에 대하여 정통해야 한다. 즉 그와 비슷한 문제를 과거에도 다루어 보았어야 한다.

브레인스토밍의 절차는 다음과 같다.

① 주제의 명시 및 브레인스토밍의 네 원칙과 방법을 설명하기
② 5분 정도 회원 전체가 생각할 시간 부여하기
③ 전체가 생각한 아이디어 발표하기
④ 다시 시간을 주고 아이디어를 몇 개씩 더 내도록 자극하기
⑤ 기록한 아이디어를 빠짐없이 발표하기
⑥ 그룹별로 아이디어를 빠짐없이 발표하기
⑦ 반 전체에 발표하기
⑧ 우수한 아이디어를 평가하고 보상하기

2) 교사의 역할

유아의 창의성의 개발은 교사들의 의지와 능력에 크게 달려 있으므로, 우선 교사 스스로가 창의력 개발의 필요성과 중요성을 인식하고, 창의적으로 사고하고, 행동하는 습관과 태도를 갖는 일이 무엇보다도 중요하다.

그리하여 유아들과의 학습활동에서 교사는 유아의 상상력과 개별적 표현을 격려하고, 다양한 학습 자료와 활동 공간 및 여러 가지 놀이 도구를 제공하

고, 유아가 자유롭게 독립적으로 활동 자료를 다룰 수 있으며, 독창적인 아이디어를 시험해 볼 수 있는 환경을 마련하여, 그 가운데에서 확산적 사고를 자극할 수 있는 개방적 활동을 제공함으로써 유아의 창의성을 증진시킬 수 있는 것이다.

창의력의 개발을 위해서는 유아가 스스로 생각하고, 독특한 표현을 경험할 수 있는 환경의 조성이 필요한데 구체적인 방안으로 다음과 같은 점을 고려하여야 한다.

① 교사는 유아의 창의적 사고를 자극하는 데 있어서 능동적 역할을 해야 한다. 그렇게 하기 위해서는 창의적이며 확산적 사고를 요구하는 질문을 활용해야 한다.

이러한 질문은 유아에게 문제해결 과정을 강조하게 되어 유아로 하여금 다양한 문제 해결 방안을 모색해 보게 한다.

예를 들어, 유아의 창의적 사고를 자극할 수 있는 질문의 방법을 창의성을 구성하는 몇 가지 요인 별로 살펴보면 다음과 같다.

· **유창성**—다양한 다른 반응을 유도할 수 있는 질문은,
"~하기 위해 여러분이 생각해 볼 수 있는 모든 방법을 이야기해 보자."
"다른 어떤 방법이 있을까?"
"너의 생각은 어떠하니?" 등과 같은 것들이 있다.

· **융통성**—대상을 다른 입장에서나 다른 마음으로 볼 수 있도록 마음을 바꿀 수 있는 질문은,
"만약 ~이라면 어떻게 느껴지겠니?"
"여러분이 큰길에 선 나무라면 어떻게 느껴질까?"
"우주선을 타고 공중에 있으면?" 과 같은 것들이 있다. 또는, 공통성이 전혀없는 두 물체 사이의 유사성을 생각하게 해 볼

수도 있다.

- **독창성**—이는 반응의 독특성(uniqueness)을 의미하는데, 아무도 생각하지 못한 것을 만들어 보게 한다던지, 모델을 제시하지 않고, 특정 행사와 관계된 작품을 만들어 보게 하는 것이다.
- **정교성**—아이디어를 꾸미거나 상세하게 하는 것으로 유아가 알고 있는 이야기의 인물을 제시하고 그 인물이 엮어 나갈 새로 운 이야기를 만들어보도록 할 수 있다.

② 유아에게 질문을 할 경우에는 성급히 대답을 강요하지 말고, 기대를 가지고, 충분한 시간을 주면서 기다릴 필요가 있다.

또한 질문을 너무 많이 하지 않아야 한다. 유아는 아직 언어 능력이 충분히 발달되지 못한 상태이어서 오랫동안 대화를 할 수 있을 정도로 언어 능력이 발달되지 못했기 때문에 불필요한 질문은 오히려 사고 과정을 방해한다.

③ 유아에게 스스로 대답하도록 도와줌으로써 활동과 관련된 자율적인 탐구과정을 자극해야 한다.

④ 하나의 질문에 하나 이상의 대답이 나오도록 유아를 개인적으로 격려해야 한다. 유아가 자기의 생각이나 아이디어가 비평받게 되면 자기의 생각을 잘 발표하지 않으려고 하기 때문이다.

⑤ 정답인지 아닌지 그리고 좋은 의견인지 아닌지는 유아 스스로 판단하게 한다.

또한 '맞았다' '틀렸다' 식의 반응보다는 '그런 생각을 했구나' '그렇게 생각할 수도 있겠구나' '다른 친구와 다르게 생각했구나' 식의 진지하고 적극적이고 긍정적인 반응을 한다.

⑥ 쓸모없는 반응에 면박을 주거나 비웃거나 무시하지 않고 유아 스스로 의미없는 반응임을 알도록 돕는다.

⑦ 오답도 경우에 따라 생각하는 입장이나 변인의 조건을 달리 했을 때

그것이 정답이 될 수 있다는 것을 이해할 수 있어야 한다.

⑧ 교사는 유아가 제시하는 독창적인 아이디어의 가치를 인정하고 긍정적 반응을 보인다. 유아에게 활동 수행과정에서 문제해결과 관련된 다양한 시도를 격려해 주어야 한다.

유아가 시도하여 실패를 했을 때 교사는 야단을 치거나 비판적인 태도를 보이기 보다는 유아가 부끄러워하거나 자신감을 잃지 않도록 하고 유아 스스로 아이디어를 수정하여 시도해 볼 수 있도록 배려해 주어야 한다.

⑨ 교실에 있는 자료나 시설들을 사용할 새로운 방법이 있는지 탐색해 보게 하고 유아의 다양한 아이디어를 시도해 볼 기회를 준다.

⑩ 상상적인 이야기를 꾸며보게 한다.

손가락 인형 등을 이용하여 상상적 이야기를 꾸며서 표현해 보도록 한다. 유아가 이야기할 때 교사가 받아서 적어 주는 것을 통하여 그 행동을 강화하며, "그리고는 어떻게 되었니?" 와 같은 대화로 이야기 전개를 격려할 수 있다. 자신이 그린 그림으로 이야기를 만들어 보게 하는 것도 상상적인 사고를 촉진시킨다.

이외에도 모든 주어진 과제와 학습자료, 주변환경에 대해 새로운 의미를 발견하고 문제점을 찾아내도록 하며, 문제 상황에 부딪쳤을 때 스스로 문제를 해결하도록 도와 준다. 유아가 자신감을 갖고 모든 일에 적극적으로 참여할 수 있도록 격려하며, 독특한 사고나 행동을 했을 때 즉각적으로 언어적, 물리적인 강화를 주어 자신감을 갖도록 해 준다.

활동을 수행하는 과정에서 유아의 내재적 동기를 존중하고 이를 적절히 활용하도록 도와 준다.

지적인 호기심을 학습 상황에서 충분히 활용하려면 학습활동 과제가 유아의 지적 수준에 적합해야 한다. 제시된 자료가 유아의 지적 수준에 적절할 때 자발적으로 과제를 해결하려는 의욕을 보일 수 있기 때문이다.

또한 교사는 유아의 놀이를 억압하지 말아야 한다. 교사는 유아의 놀이를 이끄는데 있어서 너무 권위적인 역할을 담당해서는 안되고 유아가 독특한 방법으로 자기 자신을 표현할 수 있도록 도와 주어야 하며 유아 자신의 생각에 기초한 놀이가 되어야 한다.

교사는 유아의 자기 표현적 활동을 격려하고 가능한 한 간섭을 하지 말아야 한다.

Torrance(1967)는 교사가 창의력 촉진을 위해 실질적으로 활용할 수 있는 몇 가지의 가능성들을 제안하였다.

① 유아의 창의적 사고를 중요시 여겨야 한다.

② 다양하고 독창적인 방법으로 사물과 생각을 실험할 수 있도록 격려해야 한다.

③ 유아의 새로운 생각에 대하여 관대하게 대하여야 한다.

④ 유아에게 틀에 맞춘 생각을 요구하지 말아야 한다.

⑤ 유아로 하여금 자신의 창의적인 사고를 중요시 여기도록 가르쳐야 한다.

⑥ 유아가 활동을 스스로 할 수 있도록 격려해야 한다.

⑦ 유아 자신의 생각을 완성할 수 있는 여건을 만들어 주어야 한다.

⑧ 유아의 활동에 대해 건설적인 비판을 하여야 한다.

⑨ 여러 영역에서 개념을 획득할 수 있도록 격려하여야 한다.

⑩ 유아 스스로 모험에 대하여 열린 생각을 갖도록 해 주어야 한다.

제 4 장 창의적인 학습활동과 놀이

1) 놀이의 개념과 교육적 의의

(1) 놀이의 개념

유아들은 대부분의 시간을 놀이를 하면서 보낸다. 다시 말해서 유아에게 있어서 놀이는 생활 그 자체라고 할 수 있다. 일반적으로 유아의 놀이는 휴식의 목적을 갖는 성인의 놀이와는 달리 유아 스스로 자신의 사고와 감정을 자연스럽게 표현하는 활동이며, 유아의 전인적인 성장 발달에 매우 중요한 요소로서 간주되고 있다.

유아의 놀이는 목적을 위한 수단이 아니라 그 자체가 목적이며, 완전히 자발적인 활동이다. 유아들은 놀이를 통해서 주변환경의 특성을 이해하고 다루는 법을 배우며 친구들과 협동하여 놀이에 참여함으로써 사회성을 발달시키게 된다. 또한 신체적으로는 튼튼하고 건강한 몸을 유지하며 정서적으로도 긴장과 피로를 해소시켜 주고 분노나 적개심을 발산시켜서 건전한 정신 상태를 갖게 해 준다. 이와 같이 유아의 놀이가 그들 생활의 중요한 부분을 차지하는 것으로 인식되기 시작한 것은 근대적인 유아교육 사상이 태동하게 된 르네상스기의 인물주의 교육사상에서부터 비롯되었다고 할 수 있다.

르네상스 이후 인간의 존엄성에 대한 관심이 고조되면서 유아에 대한 이해가 깊어지기 시작했고, Comenius, Rousseau 등을 중심으로 하여 유아의 흥미와 관심, 그리고 개성을 고려한 개별화 교육과 자발적인 활동을 강조하는 아동중심 교육이 태동되었으며 이후 유아의 능력과 자질, 개성과 흥미에 기초한 교육활동을 강조한 아동중심 교육사상은 Fröbel, Pestalozzi, Montessori에게도 계승되었다.

개인의 존중과 자유의 개념은 르네상스기 인문주의 교육사상의 중요한 요소이다. 따라서 권위적인 교육과 획일적인 학습에 대한 개념은 사라지고, 개인의 흥미와 자유에 기초한 자발적이고 개별화된 교육이 강조되었다. 특히 18세기에 들어서서 Rousseau에 의해 유아를 바라보는 관점도 "성인의 축소물"(miniature adult)로 여겼던 중세사회와는 달리 유아 나름대로의 독자적인 개성과 인격을 가진 독립된 개체로 인정하게 되었다. Rousseau는 놀이를 강제성을 띄지 않는 자연스러운 것으로 보고, 자발적인 자기 표현 활동을 통해 유아는 학습하고 경험하며, 성장 발달을 이룩해 나간다고 하였다. 이와 유사한 관점에서 볼 때 유아의 놀이는 그들의 자연적인 생활 자체이므로 놀이를 통하여 유아들의 생명력을 북돋아 주어야 한다고 볼 수 있다. 놀이는 유아 스스로가 자기의 내면을 자유롭게 표현하는 것이며, 유아의 정신적 소산이며, 자신에게 기쁨과 만족을 주기도 하며, 다른 사람과 우호적인 관계를 맺을 수 있는 유아의 생활에서 최고로 가치 있는 것으로 간주할 수 있다.

또한 Fröbel은 인간의 성장 발달은 인간 내부로부터의 고유한 내적 필연성에 따라 자연적으로 개화하는 것으로 보았으며, 이러한 것은 유아의 창조적,

자발적인 놀이에 의해서 조장될 수 있다고 보았다. 그는 놀이를 유아의 본성에 알맞는 것으로 보고, 유아를 위한 유일한 교육 형식으로 여겼으며, 유아의 내적 필요와 요구에 의해 내면 세계를 스스로 표현하는 활동으로 보았다. 즉, 놀이는 유아에게 가장 귀중하고 순수한 활동이며, 동시에 모든 인간이나 사물에 내재되어 있는 자연성의 발로이고, 모든 선의 원천으로 보았다.

Piaget(1962)는 놀이가 유아의 지적인 능력의 발달에 중요한 역할을 한다고 보았다. 유아는 놀이 활동을 통해 유아를 내적으로 동기화되며, 지적 능력과 관련된 여러 가지 개념과 기술을 활용할 수 있게 하는 수단적인 역할을 하고, 유아의 언어발달, 문제해결 그리고 논리, 수학적인 사고의 형성과 직접 관련이 있다고 하였다. Piaget에 의하면 2세 이전의 유아의 놀이는 재미를 동반한 반복적인 행동 내지는 자기 중심적인 만족의 행동에 불과하며, 2~4세 유아에 있어서 놀이는 적응의 기본적 수단이 되고 경험의 기회를 부여한다. 놀이를 통해 환상의 세계를 자신의 의지대로 현실화시켜 일상적으로 당면하는 문제를 해결하거나 현실에의 적응 방법을 경험하게 된다. 또한 4~7세 유아에게 있어서 놀이는 지적 발달의 반영이며, 사회적 발달을 이룩하게 하는 좋은 수단이 된다.

Erikson과 Freud에 의하면 놀이는 충족되지 못한 욕구를 대신하고 과거의 정신적인 상처를 덜어주는 방법을 제공한다고 본다.

정신분석학적인 입장은 놀이의 사회, 정서적인 측면을 강조하는데 유아는 놀이를 통해서 부모와의 심리적 갈등과 불합리한 공포를 정화하는 경험을 하게 된다. 유아에게 있어 놀이는 자율성과 솔선성 습득의 수단이 되는 것으로 놀이를 통해 새로운 경험을 학습하고 정서적 발달을 도모하고 자아를 수용하게 된다고 하였다.

유아들은 놀이를 통해 또래와의 협동적인 활동에 참가하여 사회적인 상호작용의 경험을 한다.

생활중심, 경험중심 교육활동의 중요성을 강조하였던 Dewey는 유아의 놀이는 전체성과 통일성에서 유아의 정신적 태도를 나타내는 것이며, 유아의 생각이나 흥미를 무엇인가 만족할 만한 형태로 나타내려고 할 때의 모든 힘이고 생각이고, 심신의 것으로 심리적인 표현이며 성장하는 과정으로 간주해야 한다는 것이다. 유아의 놀이는 단순한 쾌락이 아니며, 그들의 지적인 능력과 상상력을 기르는 것이라고 하였다. 즉, 현실을 확장하며 현실에 충실한 것이 유아의 건전한 상상력을 높이고 경험을 재구성하는 결과를 낳게 된다고 하였다.

이와 같이 놀이에 관한 기본 입장은 보는 관점에 따라 다양하게 정의할 수 있는데 결과적으로 유아의 놀이는 그들의 생활에 중요한 부분을 차지하며, 놀이 활동은 유아가 개념을 학습하고, 사회적, 신체적 기술을 발달시키고, 그들의 주변 생활 환경을 이해할 수 있는 성장 지향적인 활동이며, 유아 그 자체를 나타내는 것이라고 할 수 있다.

(2) 놀이의 교육적 의의

놀이는 유아의 생활에 있어서 주된 일이며, 주변 세계를 경험하고 배울 수 있는 가장 자연스런 부분으로 오래 전부터 인식되어 왔다. 놀이는 유아에게 감각적인 즐거움을 주고, 유아의 주변 세계를 탐색할 수 있게 하며, 유아 스스로 주변 세계에 반응할 수 있게 하는 기회를 제공한다. 즉 놀이는 유아의 전체적인 성장 발달에 중요한 역할을 하며, 유아는 놀이를 통해서 자기 자신만의 독특한 방법으로 많은 것을 배운다. 유아들의 일상생활을 자세히 관찰해 보면 거의 놀이로서 연속되는 것을 쉽게 찾아볼 수 있다. 그들의 생활이 곧 놀이라고 해도 과언이 아닐 정도로 유아가 나타내는 행동의 대부분은 놀이와 관련되지 않은 것이 없다. 다시 말해서 유아의 놀이는 그들의 세상을 이해하고 자신을 표현하는 유일한 방법인 것이다.

유아의 놀이가 학문적인 연구 대상으로 관심을 갖게 되기 전까지는 주로 놀이는 시간을 낭비하는 부질없는 행동으로만 취급되어 왔다. 따라서 놀이는 항상 일과 공부에 대칭되는 말로 사용되어 왔다. 유아의 일상생활 속에서 놀이와 일은 분명히 구분되었을 뿐 아니라 교육만이 유아의 사과와 감정을 올바른 방향으로 이끌어 줄 수 있고 놀이는 유익하지 못한 것으로 간주되었다. 그러나 유아의 놀이가 학문적인 관심의 대상이 되면서부터 유아의 놀이는 유아의 정신적인 갈등을 해소하고, 감정을 정화하게 하며, 동료 친구와의 상호 관계나 유아에게 주어진 사회적인 역할을 이해하게 하고, 가족과 지역사회의 구조를 인식하게 하는 중요한 수단이 되는 것으로 인식하게 되었다.

Susan Isaac은 놀이를 유아의 전체적인 성장과 관련 지어서 보았고, 유아의 놀이에 관련된 세 가지의 주요 기능을 지적하였다.

① 놀이는 유아로 하여금 발견하고, 추론하고, 사고하는 것을 인도한다.
② 놀이는 유아의 사회적인 관계를 위한 교량 역할을 한다.
③ 놀이는 유아를 정서적인 평형으로 인도한다.

시연 이론에 의하면 놀이는 유아의 성장 발달의 수단이며, 기본적으로 하나의 성장기제라고 본다.

따라서, 유아의 놀이는 성장 발달의 수단이며, 놀이활동을 통해 자신이 내적으로 느끼고, 생각하고, 정신적인 문제와 갈등을 해결하면서 자신에게 관련된 것들을 이해하게 되는 기본적 방법이라고 볼 수 있다. 즉, 유아의 놀이는 다음과 같은 의미를 지닌다.

① 놀이는 어른을 모방하게 하고
② 열성적인 방법으로 실제 생활의 역할을 표현하고
③ 사회적 상호 관계와 경험을 반영하고
④ 절박한 욕구를 표현하고
⑤ 인정되지 않는 일시적 감정을 해소하고
⑥ 통상적인 역할을 바꿀 수 있고
⑦ 유아의 성장을 반영하고

⑧ 문제의 해결을 모색하게 한다.

또한 유아의 놀이는 유기체가 성장하기 위한 일반화된 동인이라고 할 수 있다. 유아의 놀이는 향후 성인으로 행동하는데 필요한 기능을 익히게 하며 유아들은 본능적으로 이러한 기능의 숙달을 원하고 또한 놀이가 그것을 이룩하는 하나의 방법이라는 것을 알기 때문에 놀이를 하게 된다.

Hurlock에 의하면 놀이란 외부의 억압이나 강제에 의해서가 아니라 자발적으로 행하여 즐거움을 추구하는 활동이라는 것이다. 그가 주장한 유아의 발달에 관한 놀이의 기여는 다음과 같다(Hurlock, 1978).

① **신체적 발달** : 활동적인 놀이는 유아가 신체의 모든 부분을 움직이고 근육을 발달시키는데 필수적이다. 또한 유아에게 쌓인 긴장, 신경질, 흥분으로 생긴 잉여에너지를 위한 출구로서 작용한다.

② **의사소통의 촉진** : 다른 유아들과 잘 어울려 놀려면 유아는 타인이 이해할 수 있는 말로써 의사소통하는 법을 배워야 하고 역으로 타인이 무엇을 이야기하려 하는 지를 이해하는 것을 배워야 한다.

③ **억제된 정서적 에너지의 발산** : 놀이는 유아들에게 환경이 유아들의 행동을 제한하는 탓으로 나타나는 긴장을 완화하고 발산하게 한다.

④ **욕구의 발산** : 다른 방법으로는 만족하게 해결될 수 없는 욕구는 놀이를 통해서 해소된다.

⑤ **학습의 근원** : 놀이는 유아들의 가정이나 학교에서 배울 기회가 없는 많은 것을 책, TV, 혹은 환경을 탐색하는 것을 통해서 배울 기회를 부여한다.

⑥ **창조성의 자극** : 놀이를 통해 유아들은 무언가 새롭고 다른 것을 창조하는 것이 만족스럽다는 것을 깨닫게 되고, 그들의 창조적 흥미를 놀이 밖의 상황에 전이한다.

⑦ **자아 통찰의 발달** : 놀이에서 유아는 그들의 능력을 동료의 능력과 비교하는 방법을 배운다. 이것은 유아 자신의 실제적이고 명확한 개념을 발달시

킨다.

⑧ 사회적 경험의 학습 : 다른 유아들과 놀이함으로써 유아들은 사회적 관계가 어떻게 이루어지며, 이러한 사회적인 관계에서 야기되는 문제를 직면하고, 해결하는 방법을 배운다.

⑨ 도덕적 표준의 인식 : 유아들이 가정과 학교에서 옳고 그름을 배운다고 하더라도 도덕적 표준의 인식 강화는 놀이집단에서 가장 잘 배울 수 있다.

⑩ 기대 되어지는 인간 특성의 발달 : 놀이를 통해 동료들과 접촉함으로써 유아들은 협동적이고 관대하고 진실하고, 상냥한 사람이 되는 것을 배운다.

Freud는 유아의 놀이를 정신분석학적 입장에서 설명하고 있다. 유아는 그가 실생활에서 인상 깊게 경험한 모든 일들을 놀이를 통해서 반복한다. 유아는 그렇게 함으로써 억압된 감정을 해소하고 불쾌한 인상을 극복하고자 하며 궁극적으로 자기 완성감을 경험하게 된다는 것이다.

Morrison은 유아의 놀이가 사회적인 상호작용과 사회적인 기술 나누기, 타인과 잘 지내기, 차례지키기, 지역사회에서 생활하는 방법 익히기 등의 발달을 강화한다고 보았다. 아울러 유아는 놀이를 통해 서로 다른 역할을 시험해 볼 수 있고 감정을 순화 할 수 있으며 자신을 자유롭게 표현할 수 있고 타인의 역할에 대해 고려할 수 있게 된다. 또한 놀이가 유아의 학습을 돕고 정보를 습득하게 하고 지적인 능력을 구성하게 한다고 본다. 즉 놀이를 통해서 유아는 도식을 발달시키고 주변 상황을 이해하며 인지 발달의 기초를 형성하게 된다고 본다(Morrison, 1988).

Piaget(1962)는 유아의 놀이를 사고 발달의 필연적인 산물로서 유아는 놀이를 통해 주변 사물에 대한 원시적이고도 자기 중심적인 그리고 현상학적인 관점으로부터 객관적이고 합리적인 관점으로 발달되어 간다고 보았다.

놀이는 유아의 인지 학습을 활성화시키고 불안과 정신적인 갈등을 극복할 수 있게 하고 탈중심화되어 사회화의 기술을 습득하게 하고 타인에 대한 감정 이입을 경험할 수 있게 한다. 아울러 놀이는 유아에게 창조력과 문제해결력을 길러 주고, 경험을 재구성하고 통합시키는 능력을 길러 준다.

이상과 같은 견해를 토대로 놀이의 교육적 기능을 정리하면 다음과 같다.

첫째, 놀이는 유아의 인지 학습을 조직화하고 활성화시킨다.

둘째, 놀이는 유아의 불안과 정상적인 발달 갈등을 극복할 수 있는 힘을 길러 준다.

셋째, 놀이는 유아의 자기 중심성을 감소시키어 사회화의 기술을 습득시키고 타인에 대한 유아의 감정 이입을 깊게 한다.

넷째, 놀이는 유아를 추상적 상징의 세계로 이끌어 줌으로써 그들로 하여금 직접 경험하지 않은 상황을 정신적으로 조작할 수 있게 하는 능력을 길러 준다.

다섯째, 놀이는 유아의 신체 협응 기능을 길러 주어서 신체적 발달에 기여한다.

여섯째, 놀이는 유아의 탐색적 활동과 호기심을 자극하고 어떤 새로운 것에 대한 성취 후에는 다른 것에 도전하게 함으로써 창의적이고 혁신적인 태도를 길러 준다.

일곱째, 놀이는 유아들로 하여금 문제해결 능력을 길러 주고 강화시켜 준다.

여덟째, 놀이의 세계는 가상적인 것이기 때문에 유아들은 놀이를 통해서 자신을 자유롭게 표현하게 된다.

아홉째, 놀이는 유아들의 현실적인 경험을 재구성시키고 통합시킨다.

이상과 같이 유아의 놀이는 유아 발달에 있어서 최상의 수단이며 유아의 정신세계에서 가장 중요한 것이다. 유아들에게 있어서 놀이는 결코 사소하거나 부질없는 행동이 아니라 심각하고 깊은 의미를 갖고 있다. 그러므로 유아의 놀이를 소중히 생각하고 장려할 필요가 있다. 왜냐하면 유아는 스스로의 자유스러운 놀이를 통해서 자기 모습을 드러내기 때문이다.

유아의 생활은 놀이로서 연속되고 그들의 생활은 곧 놀이임은 재론의 여지가 없다. 유아교육에서 놀이를 중요시하는 이유는 놀이가 곧 그들의 생활 전부이고, 곧 교육이기 때문이다.

이상의 모든 견해들을 종합하여 정리하면 유아 놀이의 교육적 의미는 대체로 정의적, 인지적, 심리 운동적 측면으로 나누어서 생각할 수 있다.

1 정의적인 면

놀이는 유아에게 정신적으로 중요한 영향을 미치며, 유아 생활의 중요한 활력소이다. 놀이는 유아의 일상적인 행동을 초월한 것으로, 유아로 하여금 지금까지와는 다른 행동이나 역할을 수행하게 한다. 유아가 다른 역할을 경험해 보는 것은 그가 지닌 공격적인 감정이나, 권위에 대한 불복종, 그리고 심리적인 갈등을 해소시킬 수 있는 중요한 수단이 된다.

유아는 놀이를 통해서 자신의 기본적인 욕구를 만족시키며, 어른을 모방하고 주변 환경을 탐색하며, 자기 자신을 발견하고, 자신의 생각이나 느낌을 여러 가지 방법으로 시험해 보게 된다. 따라서 놀이는 유아에게 그들의 감정을 표현하게 하는 것뿐만 아니라, 그들이 처한 상황을 이해하고 개념을 습득하게 하는 역할을 한다고 볼 수 있다.

유아는 놀이 속에서 실제 상황과 분리하여 행복감, 슬픔, 분노, 걱정의 감정을 자유롭게 표현할 수 있다. 이러한 감정들은 그들이 실제 세계에 있지 않기 때문에 자유롭게 탐색되어지고, 표현되어진다. 이처럼 놀이는 유아에게 감정 표현의 안전한 상황을 제공한다. 예를 들어, 유아는 자신의 마음을 어지럽히거나 두려움을 주는 사건을 놀이 속에서 반복해서 재연하면서, 그러한 감정을 점차 처리할 수 있게 된다.

따라서 놀이는 실제 상황을 유연하게 해 주면서 유아의 불유쾌한 감정과 경험들을 해소할 수 있게 하는 환경이라 할 수 있다. 그러므로 유아의 놀이와 관련된 주요 생리학적 증거는 불안을 감소시키며, 유아는 놀이를 통해서 그가 직면한 스트레스로부터 벗어날 수 있다.

정신분석 이론에서도 놀이는 유아에게 억압된 감정과 오래된 갈등을 해소하는 감정 정화의 원리로 작용한다고 본다. Freud는 놀이가 유아의 문화적이고 심리적인 성취를 달성하기 위한 수단일 뿐 아니라 언어표현과 의사소통을 위한 수단이 된다고 하였다. 유아는 놀이를 통해서 감정이 안전하게 표현될 수 있고, 공격성과 적대감은 통제될 수 있고, 잘 처리될 수 있다는 것을 배운다.

정신 치료가들은 놀이 치료의 활용을 오랫동안 지지하여 왔다. 놀이를 통해 유아에게 갈등과 불안을 해결하게 도와 주는 놀이 치료는 유아의 불안을 감소시키고, 성장 발달 과정에서 야기되는 심리적인 갈등을 해소하도록 도와준다. 또한 유아의 생활에서 다른 아동과의 상호작용은 자기 중심성을 감소시키고, 타인에 대한 감정 이입능력을 발달시키도록 도와 준다.

유아 발달에 관한 경험과 환경의 교육적인 효과는 교육학자, 심리학자들 사이에서 반복적으로 인식되어 왔다. Erikson은 유아의 자율성, 주도성, 성취감은 놀이를 통해서 이루어진다고 본다. 자율성을 발달시키기 위해서 유아는 스스로 선택하고 연습할 수 있는 기회를 반복적으로 경험할 수 있어야 하고, 이와 같이 스스로 탐색하고 결정하는 것은 유아의 자아 존중감 형성에도 도움이 된다고 하였다.

또한 유아가 놀이할 기회를 부여받는 것은 주도성을 발달시키는데 매우 중요하다고 하며, 놀이에 관한 너무 많은 제한은 불건전한 인성을 형성하게 된다고 하였다.

놀이 속에서 유아는 스스로에게 강한 느낌을 갖게 되고, 스스로 놀이 계획을 세우고, 주어진 상황을 통제하며, 최선의 판단을 하여 문제를 해결하면서 어른들의 세계로부터 경험하게 되는 무력감에서 벗어나게 된다. 유아 스스로 결정을 내릴 수 있고 자신의 놀이를 실패에 대한 두려움과 아무런 간섭없이 주도할 수 있기 때문에 만족감을 느끼면서 놀이에 몰두할 수 있고, 이런 것은 유아의 자아 존중감 형성에도 많은 도움을 준다. 또한 놀이는 그 성격상 개인적이며 자발적인 활동이기 때문에 유아로 하여금 높은 수준의 성취 동기를 갖게 한다. 즉, 놀이는 유아가 스스로 선택하여 주변환경을 이해하고, 적절히 반응하여 자신의 내면 세계로 받아들이는 자율적인 활동이라고 할 수 있다.

놀이는 유아의 사회적 능력 형성에도 중요한 역할을 하게 되는데 놀이 속에서의 사회적인 상호작용에 의해 유아는 협의하는 방법과 서로간의 갈등을 해소하고, 문제를 해결하고, 타인과 사이좋게 지내고, 차례지키고, 인내하고, 협동하고, 나누는 것을 배운다. 대부분의 놀이는 사회적인 성향을 띠고 있고, 주어진 상황에 스스로를 맞추려는 노력을 통해서 유아는 타인에 대한 배려나 원만한 대인관계를 형성하게 하는 기술을 익히게 된다. 특히 또래 친구의 감정과 태도를 이해하는 경험을 통해 탈중심화를 가능하게 한다. 따라서 극놀이, 역할놀이 등은 유아로 하여금 원초적이고, 자기 중심적인 감정을 사회적으로 인정되는 방법으로 해소하게 하며, 대인관계나 성격적인 문제, 정서 불안에서 벗어날 수 있게 한다. 유아가 사회적인 존재가 되기 위해서는 다양한 인간 관계를 놀이를 통해서 경험해 보아야 한다. 그리고 놀이하는 가운데 발생하는 갈등은 유아 특유의 자기 중심적인 세계에 정신적인 동요를 일으키고, 타인의 사고나 바라는 바에 대해 고려하도록 만든다. 이러한 과정을 경험하면서 유아는 자기 중심성에서 벗어나게 되는 것이다.

2 인지적인면

Piaget는 놀이가 유아의 사고력을 강화시키고, 인지학습을 활성화시키는 기초적인 수단이라고 보았다. 유아는 그들에게 의미를 주는 형태로 환경을 재조직하는 것에 의해서 새로운 개념을 습득하게 된다. Piaget에 의하면 유아는 인지 구조를 형성하기 위해 주변환경과의 상호작용을 통해 그들의 경험을 내면화하고, 통합하게 된다. 즉 유아는 놀이를 통해서 사물을 조작하고, 타인과 상호작용을 통해 그들의 경험을 내면화하고, 통합하게 된다. 즉 유아는 놀이를 통해서 사물을 조작하고, 타인과 상호작용하는 가운데 지적인 성취를 이루게 된다.

유아에게 놀이 상황을 제공하는 것은 가장 자연스럽게 문제해결 기술을 발달시킬 수 있는 효과적인 방법이다. 자신의 문제를 발견하고, 놀이하는 것을 격려받은 유아는 실생활의 문제를 처리하는 가운데 보다 나은 능력을 갖추게 된다. 아울러 놀이는 유아가 주변 세계에 대한 지식을 형성하게 하는 중요한 수단이 된다. 유아는 찰흙을 가지고 만들기를 하고, 그림 그리고, 블록을 이용한 구성 놀이를 직접해 보는 것을 통해서 물질의 속성에 대해서 배우고, 색, 형태, 질감, 힘, 균형, 부피, 질량 등에 대한 기본적인 개념을 습득하게 된다. 또한 카드, 그림, 퍼즐을 이용한 조작적 놀이를 통해서 수 개념, 짝짓기, 분류하기, 측정에 관한 수학적 개념을 발달시킨다. 사물의 속성과 유아의 주변 세계에 대한 개념을 풍부히 하기 위해서는 다양한 놀이 경험들, 즉 직접 만져 보고, 분류해 보고, 짝을 맞추고, 측정해 보고, 순서를 정해 보는 경험들이 필요하다. 이런 것을 통해 유아가 추상적으로 추론하고, 자신의 생각을 명료하게 판단할 수 있게 도와줄 수 있기 때문이다.

놀이에서 유아는 탐색하고 발견하려는 자연스런 충동을 가지고 있고, 이러한 의지와 관심은 유아를 놀이에 몰입하게 한다. 그러므로 억압적이지 않은 상황에서 유아가 자유롭게 반응하고, 의사소통할 수 있도록 하여 학습에 요구되는 흥미와 주의 집중력을 신장시킬 수 있다.

조망 수용은 유아의 사회 극화 놀이 중에서 보이는 인지적인 과정이다. 유아는 다른 성격의 역할을 수행하면서 타인의 관점으로부터 세계를 어떻게 보아야 하는지를 배운다. 또한 사회적인 상호작용은 유아에게 그의 놀이 친구의 관점으로부터 사물을 보도록 만든다. 이와 같이 타인의 관점으로부터 어떤 상황을 바라 볼 수 있게 되는 것은 자기 중심적인 유아에게 있어서 발달의 획기적인 일이며, 이런 것은 놀이에 의해서 조장된 과정인 것이다.

유아의 언어 발달에 있어서도 놀이는 풍부한 환경을 제공한다. 언어는 놀이 경험과 인간관계를 경험하면서 습득된다고 할 수 있다. 유아는 감각적인 놀이 경험을 통해 길고 짧음, 크고 작음, 높고 낮음, 딱딱하고 푹신함, 부드럽고 거칠음을 경험하게 된다. 다양한 장난감을 가지고 놀이하는 가운데 사물에 대한 개념이 형성되고, 이렇게 함으로써 사용 가능한 어휘가 증가하게 된다. 그리고 놀이 속에서 타인과 상호작용하면서 의미를 주고받고, 언어 표현의 기술을 발달시킨다.

3 심리 · 운동적인면

유아는 뛰고 달리며, 몸을 움직이는 놀이를 매우 즐긴다. 이러한 신체적인 놀이는 유아에게 대·소 근육 발달의 기회를 제공하며, 자르고, 그림 그리고, 조작하는 놀이를 통해서는 눈과 손의 협응력을 기를 수 있는 기회를 제공받는다. 또한 유아는 뛰고, 점프하고, 던지는 활동을 하면서 기본 운동 능력과 신체 균형 감각을 기를 수 있다.

신체적인 놀이는 유아에게 즐거움과 자신감, 안정성을 제공하며 협응 능력과 민첩함을 향상시킨다. 신체를 움직임으로 인해 이루어지는 여러 가지 형태의 표현을 통해 앞, 뒤, 좌, 우, 위, 아래의 방향 감각과 공간 관계를 알게 되며, 자신의 능력을 스스로 알아볼 수 있는 기회도 가질 수 있게 된다. 또한 다양한 신체적인 움직임을 통해 신체 각 부분의 조화를 이룰 수 있게 되어 바른 자세를 가질 수 있고, 신체적인 성장을 촉진할 수 있다.

2) 창의적 학습활동으로서의 놀이

유아는 놀이를 통해서 새로운 지식을 훨씬 쉽사리 습득하며 자신의 생각과 감정들을 쉽게 언어화할 수 없기 때문에 놀이에 의해서 보다 더 적절히 자신의 생각과 느낌을 표현할 수 있다.

놀이가 유아에게 최상의 학습 수단으로 가치를 갖는 이유는 학습에 대한 자발적인 동기 유발이 가능하고 놀이를 수행하는 과정에서 다양한 탐색활동이 가능하며, 다른 유아와의 상호작용을 통해 합리적인 문제해결 방안을 모색할 수 있기 때문이다. 놀이는 유아에게 흥미로움을 제공하는 가운데 구체적인 경험을 통한 자발적인 학습을 가능하게 하기 때문에 유아의 학습활동을 효과적으로 진행시킬 수 있는 수단이 된다.

유아가 자유롭게 자기 스스로 물리적인 환경과 상호작용을 하게 되는 경우에는 본질적인 동기를 갖는다. 반대로 강요에 의해 외부로부터 요구가 주어지는 경우의 동기는 비본질적인 것이다. 비교적 익숙치 않은 일상적인 환경은 유아에게는 일정한 자극 잠재력을 지닌다. 유아의 호기심은 새롭고 별로 익숙치 않은 대상과 환경을 통해 일깨워지고, 여러 가지 갈등을 경험하면서 적극적으로 주변환경을 탐색하게 된다. Piaget에 의하면 유아는 감각적인 자료와 놀이 형식의 활동에 능동적으로 참여할 때 가장 잘 배운다. 특히 유아는 사물을 실제로 다룰 때 얻어지는 감각적인 정보를 통하여 지식을 습득한다고 본다. 다시 말해서 지식은 빈 용기가 채워지듯이 유아에게 무조건 주어지는 것이 아니라 유아를 자극하고, 유아의 사고를 증진시킬 수 있는 도전적인 활동을 제공하여 유아의 자발적인 요구로 의미 있는 학습 정보를 습득하게 하여야 하며, 이것을 바탕으로 유아를 둘러싼 세계를 이해하도록 동기화하여야 한다.

또한 유아는 창의적인 놀이 경험을 통해서 수많은 개념을 학습할 수 있기 때문에 교사는 유아들이 창의적인 경험을 할 수 있는 놀이 활동을 계획하여 유아가 끊임없이 주어진 학습 환경 속에서 다양한 상호작용을 하도록 유도해야 할 것이다. 이렇게 하여 유아에게 내면화된 내용들은 유아의 문제해결 과정 속에서 자연스럽게 표출되기 때문에 유아의 놀이활동을 아무런 목적 없이 그저 단순히 노는 것으로 단정지을 것이 아니라 유아의 성장 발달을 목표로 하는 교육적인 개념으로 받아들여야 한다. 다시 말해서 유아의 학습

과정에서 창의적인 놀이 경험을 중요하게 생각하는 이유는 그것 자체가 곧 하나의 교육과정이며, 최선의 교수 방법으로 인정될 수 있기 때문이다. 놀이는 유아의 자발적인 활동이면서 그 자체로 목적을 가지며, 다양한 창의적인 놀이 과정 속에서 유아는 자극받고, 동기 유발될 수 있다.

창의적 놀이 활동이 유아에게 중요한 이유는 다음과 같다(박화윤 외, 2000, 재인용).

첫째, 창의적 활동을 통해 개념 형성과 지적 발달을 증진시킬 수 있다.

둘째, 창의적 활동은 유아에게 긍정적 자아개념을 갖게 하기 때문이다.

셋째, 창의성은 유아의 문제해결 과정에서 중요한 경험을 제공하기 때문이다.

넷째, 창의성과 관련된 놀이 경험은 유아에게 학습할 과제에 대한 성공 가능성을 높힐 수 있다.

유아는 놀이를 통하여 성장하고 놀이 자체가 곧 학습활동이므로 다양한 놀이의 기회가 제대로 주어지지 않으면 유아가 갖고 있는 잠재 능력을 꽃피우기는 어려울 것이다. 따라서 유아에게 있어서 놀이는 학습의 효과적인 수단이며 보다 높은 수준의 지적인 사고 과정으로 나아가도록 하는 기초를 형성하게 하는 매개체라고 볼 수 있다.

3) 창의성 신장을 위한 활동 지도 방안

창의성은 인간 누구에게나 잠재되어 있는 본래적 능력으로서 고정 관념이나 획일적인 수준에서 벗어나 독특하고 다양한 방법으로 사고하거나 주어진 문제를 해결할 수 있는 능력이다. 유아기는 모든 발달의 바탕이 다져지는 결정적 시기로서, 창의성 계발에 꼭 필요한 창의적 상상력과 추리력이 급속히 성장하게 된다. 유아는 과거의 경험이나 이미 배운 지식을 결합하여 새로운 방법으로 주어진 과제를 해결하고자 하며 이때 그들의 무한한 상상력과 풍부한 호기심을 충족시켜 줄 수 있는 다양하고 탐색이 가능한 학습 경험이 제시될 때 창의성은 계발될 수 있다. 지나치게 억압되고 통제된 학습 환경에서는 창의성이 손상될 수 있고 손상된 것은 다시 회복하거나 재생시키기 어렵기 때문에 다양한 자료와 활동 경험을 제공하고 유아가 자신의 생각을 비판이나 실패의 두려움 없이 표현할 수 있는 자유로운 학습 환경을 조성하여 창의적 사고와 행동을 촉진시켜야 한다.

유아기는 생애의 전 기간을 통해서 창의성과 상상력이 가장 왕성한 시기이기 때문에 창의성 계발에 있어서 적기라고 할 수 있으며 사회적인 구속을 덜 받고 있는 시기이므로 탐색적인 학습 환경을 제공하여 창의성을 육성하려고 노력한다면 이 시기에 얻어지는 수많은 창의적 경험은 그 이후의 성장기에 좋은 결실을 맺을 수 있다. 성인기에 나타나는 창의성은 그 시기에 갑자기 나타나는 것이 아니라 유아기에 형성된 창의성이 바탕이 된다는 점에서 이 시기의 학습 경험의 중요성에 대해 강조하지 않을 수 없다.

수용적인 분위기, 교사의 지적 호기심, 반응적 환경, 자발적인 학습 기회의 제공, 개성과 독자성의 존중 등의 요인에 의해서 창의성이 촉진될 수 있다고 본다. 창의성을 자극하기 위해서 교사는 유아 스스로 자기 주변환경과 상호작용을 하면서 학습에 대한 흥미와 의욕을 불러일으킬 수 있는 경험을 제공해 주어야 한다. 무미 건조한 학습 환경 아래서는 유아의 창의적 능력의 형성을 기대하기 어렵기 때문이다. 유아의 개성과 독자성을 존중해 주는 개별지도의 중요성을 일반적으로 인식하면서도 교사는 유아를 집단의 기준에 동조하도록 강조하기 때문에 창의성의 발달을 저해하게 된다. 학습 환경이 지나치게 권위적이고, 간섭이 많으며, 일률적인 행동을 요구하거나 교사의 지나친 편견, 고정관념, 선입견 등은 유아의 창의성 발달에 저해 요인이 될 수 있다.

그러므로 교사는 유아가 자신의 능력에 자신감과 긍지를 지니도록 존중하고 지시해 주는 것이 매우 중요하다. 창의적인 유아는 그 행동 양식이 독특하여 주변의 또래들로부터 고립될 수 있기 때문에 다른 사람의 다양한 다른 사고 방식을 존중하고 받아드릴 수 있는 민주적이고, 개방적이며 허용적인 학습분위기의 조성에도 힘을 기울여야 할 것이다.

유아의 창의성은 창의적 잠재력을 강화시켜 주고, 개발해 주고 동기를 지속시켜 줄 때 향상될 수 있는 것이기 때문에 주변에서 부모나 교사가 유아를 어떻게 도와 주느냐에 따라 크게 좌우된다. 이런 점에서 유아의 창의성 계발을 위한 방안은 다음과 같이 제시 할 수 있다.

① 유아들에게 여러 가지 종류의 다양한 경험을 제공한다.

② 기존의 원리나 방법을 새로운 상황에 적용할 수 있도록 도와 준다.

③ 평범한 질문이나 아이디어를 소중히 여긴다. 즉, 보편적인 것 혹은 이미 알려진 것보다는 불완전하지만 자기 나름의 아이디어를 발견하고 실행해 보는 것이 값어치 있는 것임을 자극해 줄 필요가 있다.

④ 유아 스스로 자유롭게 탐색할 수 있는 기회를 마련해 준다.

⑤ 교사의 비판을 줄이고 자유로운 자신의 생각을 실행해 볼 수 있도록 유아의 반응을 억제하거나 억압하여서는 안 된다.

⑥ 능동적으로 사고하고 문제를 해결할 수 있도록 즉각적인 반응을 기대하기보다는 충분한 시간을 제공한다.

⑦ 개인차를 존중한다.

⑧ 창의적인 활동을 시행하는 동안의 무질서를 인정해 주도록 한다.

⑨ 유아가 원하는 것을 명확히 해 주어 창의적 사고를 자극하도록 한다.

한편 김판희(1993)는 유아의 창의성 개발과 관련하여 활동을 지도할 때 다음과 같은 점을 고려하도록 강조하고 있다.

첫째, 유아의 개성적이며 독특한 아이디어와 반응, 표현을 수용하고 격려해야 한다.

둘째, 비일상적이고 창의적인 활동과 자료를 충분히 제공한다.

셋째, 여러 가지의 반응이나 답을 할 수 있는 질문과 활동을 제시한다.

넷째, 제시된 자료의 선택이나 사용에 있어서 유아에게 자유가 주어져야 한다.

다섯째, 유아의 창의적 활동에서 결과물 보다 과정이 중요함을 인식해야 한다.

여섯째, 창의적 활동에 대해 칭찬이나 보상 등을 통한 외적 강화는 피하는 것이 좋다.

일곱째, 기술적 지원이 필요할 때 이외에는 교사가 개입하는 것을 피하여, 유아가 자기 주도적으로 활동할 기회를 주어야 한다.

이상에서 볼 때 유아의 창의성을 신장시키기 위해서는 유아의 독창적인 생각과 표현을 존중하고 격려하여야 하며, 유아의 흥미나 요구, 필요 등이 반영되도록 교육 내용을 융통성 있게 운영할 필요가 있고 무엇보다도 유아의 풍부한 호기심과 지적 탐구의 열기가 충분히 발휘될 수 있도록 주변의 환경을 마련해 주고 교사의 적절한 중재에 의해서 효율적이고 가치로운 창의적 탐구 과정이 제공되도록 해야 한다.

제 II 부

창의적 학습활동의 운영 실제

주제 1. 즐거운 유치원

주제 2. 우리 동네

주제 3. 기계와 도구

주제 4. 겨울

주제 5. 곤충

주제 6. 음식과 건강

주제 1.

즐거운 유치원

주간교육계획안

생활 주제		즐거운 유치원		추정 기간	3월 둘째주	
활동 목표		유치원 생활에 대한 안내와 생활 규칙을 소개하여 친구들과 사이좋게 새로운 생활에 적응하게 한다.				
활동 형태/요일		월	화	수	목	금
자유선택활동		〈언어〉 유치원에 있는 '반' 이름 말하기 낱말 팽이(유치원) 〈조작〉 블록으로 우리 반 꾸미기 〈수〉 놀잇감과 놀잇감의 모양 대응하기	〈언어〉 놀잇감의 이름카드 〈조작〉 글자 낚시질 (놀잇감 이름카드) 교구이름 알아맞히기 (그림카드) 〈수〉 놀이영역이름과 놀이영역 대응하기 (그림카드)	〈언어〉 새 친구 이름 써보기 친구 이름 카드와 친구 얼굴 찾기 〈수〉 친구 수만큼 과자 나누어 주기 도형으로 친구 얼굴 맞추기 사진 속의 친구 수 세어 보기	〈언어〉 상황에 맞게 인사하기 (그림카드) 그림 보고 이야기 꾸미기 (인사, 싸움 등) 〈수〉 우리 반 친구들의 '성'씨 조사하기 〈미술〉 달걀 위에 선생님 얼굴 그리기 성냥갑으로 친구 얼굴 만들기	〈미술〉 유치원 놀이터 꾸미기 놀잇감 정리 상자 만들기 야채 판화 (우리반 꾸미기) 〈게임〉 굴러오는 공 피하기 〈과학〉 놀잇감의 모양, 크기 비교하기
대·소 집단 활동	이야기 나누기	유치원의 하루 일과	놀잇감의 바른 사용	친구와 사이좋게	유치원 생활을 즐겁게	바깥놀이 기구의 바른 사용
	작업	풀 그림 그리기 (유치원 생활)	놀잇감 정리 상자 만들기	친구 얼굴 색종이로 모자이크 구성하기	야채에 블록 모양 조각하여 찍어 보기	밀가루 점토로 장난감 만들기
	노래	유치원에 갑니다	장난감 교향곡(감상)	사이좋게 지내자	원가	집에 갈 시간
	율동	꼬마야 꼬마야	공이 굴러가는 모습 표현하기	선 따라 걷기		북소리에 맞춰 움직이기
	게임	오뚝이 쓰러뜨리기	생활 규칙 도미노 게임	모자 전달하기	꼬리잡기	낚시질하기
	동화	유치원이 좋아요	민수와 장난감	나랑 친구하지 않을래?	사이좋게 지내요	토끼 동산 유치원

일일활동계획안 I

<table>
<tr><td>활동주제</td><td colspan="2">우리 반의 여러 가지 놀잇감</td><td>대상연령</td><td>7세</td></tr>
<tr><td>활동목표</td><td colspan="4">1. 교실의 영역 위치와 각 영역의 교구, 놀잇감을 알 수 있다.
2. 놀이 영역에서 지켜야 할 약속을 알 수 있다.</td></tr>
<tr><td>활동자료 및 준비물</td><td colspan="4">놀잇감에 대한 그림 자료, 게임자료</td></tr>
<tr><td>활동전개과정</td><td colspan="2">교사</td><td>유아</td><td>비고</td></tr>
<tr><td rowspan="2">등원 및
자유선택
활동
(9:00~11:00)</td><td colspan="2">등원하는 유아는 교사와 다정한 눈빛을 주고받으며 정답게 인사를 나눈다.
안녕하십니까~
출석카드에 도장을 찍고 유아의 건강상태를 체크하고 약을 복용하고 있는 유아는 '약 상자'에 담아둔다.</td><td>안녕하십니까 ~
출석카드에 도장을 찍고 자유선택 활동을 계획한다.</td><td>출석카드</td></tr>
<tr><td>언어영역</td><td>〈우리 유치원에 관한 책〉
♠ 활동방법
우리 유치원에는 어떤 방들이 있는지 이야기 나눈다.
우리 유치원에는 어떤 방들이 있을까요?

유치원에 있는 각각의 방들의 기능에 대하여 이야기 나눈다.
선생님 방에서는 무엇을 할까요?

선생님 방은 왜 있을까요?
유치원에 있는 방들에 대한 이야기를 나눈 후, 유아들이 이야기한 내용을 그림과 책으로 묶어 준다.

'우리 유치원 교실에서 놀 수 있는 곳', '우리 유치원에 계시는 분들' 유치원에 관한 이야기를 나눈 후 활동하여 본다.</td><td></td><td>유아들이 수시로 읽어 볼 수 있도록 한다.

도화지, 풀, 가위, 사인펜, 코팅지, 고리</td></tr>
</table>

등원 및 자유선택 활동 (9:00~11:00)		책에 필요한 그림과 내용들을 직접 그리거나 쓴다. 〈놀잇감 찾기〉 ♠ 활동방법 기본판에 그려져 있는 그림을 살펴본다. 기본판과 그림카드를 이용하여 놀 수 있는 방법을 생각해 본다. 기본판의 그림과 그림카드에 그려진 그림을 비교해 보자. 게임을 한다. 4명의 유아가 기본판을 한 장씩 나누어 가진다. 그림카드를 모두 뒤집어 놓은 후, 게임의 순서를 정한다. 정해진 순서대로 그림 카드를 한 장씩 뒤집는다. 뒤집어진 그림카드가 자기 기본판에 있는 그림과 같은 것이면 그림의 이름을 말하고, 자기 기본판 위에 올려 놓는다. 만약, 기본판에 없는 그림이면 제자리에 내려 놓는다. 그림카드가 기본판 위에 모두 채워지면 활동이 끝난다.		기본판, 그림카드
	미 술 영 역	〈이렇게 유치원에 왔어요.〉 ♠ 활동방법 유치원에 올 때 어떻게 왔는지 이야기 나눈다. 등원시 이용할 수 있는 탈 것에 대해 생각해 본다.		도화지

<table>
<tr><td rowspan="2">등원 및
자유선택
활동
(9:00~11:00)</td><td></td><td>유치원에 올 때의 교통수단을 그림으로 그리고 이름을 쓴 후, 오려서 게시판에 붙인다.

〈개구리 접기〉
♠ 활동방법
오려놓은 마닐라지에 색을 칠한다.
점선대로 접는다.
한 곳을 손으로 눌러 뛰게 한다.
교사는 누르는 위치에 따라 개구리가 움직이는 방향이 어떻게 달라지는지 관찰하도록 유도한다.</td><td></td><td>개구리 모양(마닐라지 오린 것), 크레파스</td></tr>
<tr><td>수
·
조
작
영
역</td><td>〈정리해 주세요.〉
♠ 활동방법
친구와 함께 카드의 그림을 보고, 정돈된 그림과 정돈되지 않은 그림을 나누어 본다.
카드를 모두 엎은 후에 차곡차곡 쌓아 놓는다.
게임판의 ‘출발→도착’과정을 보고 ‘말’이 지나갈 수 있는 길은 몇 개인지 찾아본다.
자기의 말을 출발점에 놓고 다음을 친구와 의논하여 결정해 본다.
카드를 뒤집었을 때 정돈된 그림이 나오면 몇 칸을 옮길 수 있을까?
정돈되지 않은 그림이 나오면 어떻게 하기로 할까?
(한번 쉬기, 몇 칸 뒤로 가기)</td><td></td><td>게임판, 그림카드, 말 2~3개</td></tr>
</table>

등원 및 자유선택 활동 (9:00~11:00)		순서를 정하고 카드를 한 장씩 뒤집어서 그림이 나오면 정한 규칙대로 말을 옮긴다. 엎어 놓은 카드가 모두 없어지면 다시 모아서 쌓아놓고 사용한다. 도착점에 먼저 온 사람은 친구의 말이 도착할 때까지 기다린다. 〈놀잇감 찾기 빙고〉 수・과학 영역에서 자료를 내주고 관심을 보이는 유아와 함께 자료를 탐색해 본다. 어떻게 생겼니? 무슨 그림이 그려져 있니? 자료를 이용한 놀이 방법을 생각해본다. 그림판과 카드를 가지고 어떻게 놀 수 있을까? 빙고게임을 한다. 먼저 그림판을 하나씩 갖고 순서를 정한 다음, 차례차례 카드를 뒤집어 자기 그림판의 그림과 같으면 가져가서 그림 위에 놓고 , 아니면 그냥 내려 놓는 거야~ 그런데 그림판에 카드를 3장이 나란하게 먼저 놓는 사람이 '빙고' 하면 그 사람이 이기고 게임이 끝나는 거란다.		기본판 4개, 그림카드 36장
	과학영역	〈손가락 지문찍기〉 ♠ 활동방법 손가락 지문에 대하여 이야기 나눈다.		스템프, 인주, 스케치북, 물감

등원 및 자유선택 활동 (9:00~11:00)		어떤 모양인가? 왜 서로 다를까? 준비된 재료들을 가지고 교사가 시범을 보인다. 찍는 방법을 소개하고 지문을 찍어 본다. 유아가 직접 활동을 해보고 자신의 손가락 지문과 친구의 손가락 지문을 비교해 본다. 직집 활동해 본 경험을 이야기한다. 지문찍기에 대한 느낌을 서로 이야기한다. 〈뚜껑은 왜 필요할까?〉 ♠ 활동방법 뚜껑이 있어 잘 나오는 사인펜과 뚜껑이 없어 잘 나오지 않는 사인펜을 준비하여 살펴본다. 두 종류의 사인펜을 이용하여 종이 위에 그림을 그려본다. 2개의 새 사인펜이 변화되는 과정을 실험하여 본다. 교실 내의 뚜껑이 있는 필기구를 모두 모아 사용방법을 익힌다.		아버지, 어머니 동생 등의 가족의 손가락 지문 찍기를 해 보도록 한다. 실험관, 종이, 사인펜
	음률영역	〈우리 유치원 원가〉 ♠ 활동방법 우리 유치원에는 어떤 원가였는지 전에 들었던 기억을 되새겨 본다. 선생님이 제시한 악보판을 이용하여 선생님이 한 마디씩 가		악보판

등원 및 자유선택 활동 (9:00~11:00)		르쳐 주면 유아는 따라한다. 〈유치원에서〉 ♠ 활동방법 유치원에서 좋아하는 놀이에 대해 이야기 나눈다. 어떤 놀이를 할 때 재미있니? 교사가 부르는 노래를 듣고한가지 소리로 불러본다. 가사판을 보며 함께 부른다. 노래가 익숙해지면 바꾸어 불러본다.		노래 가사판
	역 할 영 역	〈유치원 놀이〉 ♠ 활동방법 가정과 같은 분위기 속에서 유아들이 직접 엄마, 아빠, 유치원에 다니는 어린이가 되어 각자의 역할을 재현해 본다. 놀이 도중에 교사는 놀이행동을 촉진시켜 준다. 이 집의 엄마는 누구시니? 엄마는(아빠) 무엇을 하고 계시니? 가방 속에는 무엇들이 있을까? 유치원에 가기 전에 해야 할 일이 무엇이니? 〈엄마, 아빠 놀이〉 ♠ 활동방법 가족의 구성원과 역할에 대해 이야기 나눈다. 가면을 서로 바꾸어 쓰고 그 사람의 역할을 해본다. 여러 가지 모습으로 역할극을 해 본다.		엄마, 아빠 의상 및 소지품(옷, 양복, 핸드백, 구두, 넥타이, 가방 등), 유아용 의복 및 소지품(모자, 가방 등) 소꿉놀이용 식기, 칫솔, 수건, 거울, 빗 다양한 주제를 선택해 진행할 수 있다. 가면(엄마, 아빠, 언니, 동생 등 가족)또는 의상

<table>
<tr><td rowspan="2">등원 및
자유선택
활동
(9:00~11:00)</td><td>쌓기영역</td><td>〈놀이터 꾸미기〉
♠ 활동방법
쌓기 놀이영역에 놀이터가 있는 그림이나 사진을 붙인다.
놀이터의 그림이나 사진을 보며 이야기 나눈다.
어떤 그림이니?
왜 많은 놀이기구들이 있을까?
여러 가지 블록을 이용하여 놀이터를 만들어 본다.
우리가 노는 놀이터를 만들어 보면 어떨까?
나무블록이나 종이 벽돌 블록으로 놀이터를 구성하고, 코코블록을 이용하여 미끄럼틀, 사람, 나무 등을 꾸며 놀이하는 것을 꾸며 본다.

〈적목 찾기〉
♠ 활동방법
유아와 함께 유치원 오는 길에 대해 이야기 나눈다.
인형이나 자동차를 가지고 놀이를 해 본다.
적목을 이용하여 꾸며 본다.
필요에 따라 설치, 생일에 맞게 해준다.</td><td></td><td>나무 블록, 종이 벽돌 블록, 코코블록(나무, 사람, 놀이기구 모형)

색적목, 제시카드</td></tr>
<tr><td>요리영역</td><td>〈과자샌드〉
♠ 활동방법
요리할 준비를 하고 자리에 앉는다.
요리할 재료를 보며 이야기 한다.</td><td></td><td>비스킷, 딸기잼, 생크림, 설탕, 접시, 쟁반, 거품기, 계량컵과 숟가락, 앞치마, 머리수건</td></tr>
</table>

	과자샌드를 만드는데 어떤 재료들이 필요할까? 순서도를 보며 요리하는 방법에 대해 이야기한다. 어떤 도구가 필요할까? 순서에 따라 요리를 하며 만든 음식을 친구들과 함께 먹으며 평가한다. 왜 이런 맛이 날까? 정리정돈을 한다.		요리활동(동시짓기, 노래 부르기) 한 후에 추후 활동으로 확장
이야기 나누기 (11:00~11:30)	〈주의집중(손유희)〉 간단한 손유희를 통해 유아의 주의를 집중시킨다. 두 손! 예쁜 손! 〈출석 체크〉 노래를 통해 출석을 부른다. 멋진 사랑반 친구들이 모두 왔는지 선생님이 이름을 불러 볼께요. 예쁜 ○○ 어디 있나♬ 멋진☆☆ 어디 있나♬ 〈날짜 익히기〉 우리 사랑반 친구들~ 오늘은 2003년 3월 18일 월요일입니다. 어제는 2003년 3월 17일 일요일이었습니다. 내일은 2003년 3월 19일 화요일이 될 것입니다.	짝짝!! 무릎에!! 네~ 여기♬. 여기~♬ 오늘은 2003년 3월 18일 월요일입니다. 어제는 2003년 3월 17일 일요일이었습니다. 내일은 2003년 3월 19일 화요일이 될 것입니다.	유아의 이름을 차례로 부른다.

이야기 나누기 (11:00~11:30)	〈주말 지낸 이야기〉 우리 친구들 주말 잘 보냈나요? 이제부터 타임머신을 타는거예요~ 다같이 눈을 감고 주말로 돌아갑니다. 삐리삐리삐리~ 자, 일요일 아침이에요. 나는 무엇을 했을까요? 이번엔 일요일 점심이에요. 나는 무엇을 하고 있나요? 일요일 저녁이에요. 나는 무엇을 했었지? 이제 밤이 되어 꿈나라로 떠납니다. 월요일 아침이 되었습니다. 우리 친구들, 모두 눈을 뜨세요.	눈을 감고 주말 동안 있었던 일들을 회상한다.	
	우리 친구들이 주말에 어떤 재미있는 일을 했는지 선생님은 너무 궁금해요. 누가 이야기해 볼까요?	저요! 저요!! 선생님, 저는요. 엄마랑 결혼식장에 다녀왔어요.	주말에 있었던 일을 이야기해 본다.
	오~누구의 결혼식이었나요?	막내이모의 결혼식이었는데요. 너무너무 예뻤어요.	
	정말 재미있었겠구나. 또 다른 친구가 한 번 이야기해 볼까요?	저는요. 배탈이 나서 하루 종일 집에서 누워 있었어요.	
	그래, 많이 속상했겠구나. 이제 다 나았니?	네, 그래서 오늘은 유치원에 올 수 있었어요.	
	정말 다행이구나. 선생님은 우리 사랑반 친구들이 아프면 너무 속상해요.		

<table>
<tr><td rowspan="1">이야기 나누기
(11:00~11:30)</td><td>건강하고 씩씩한 멋진 사랑반 친구가 되기로 해요. 모두 약속할 수 있죠?

〈오늘의 이야기 주제 〉
우리친구들, 지난 시간에는 우리 유치원의 여러 곳에 대해서 알아보았어요. 유치원에는 우리교실도 있고 화장실도 있었죠. 다른 교실도 아주 많았답니다.

우리 친구들이 모두 멋진 이름을 가지고 있듯이 우리 반에도 이름이 있어요.
우리 반 이름이 뭔가요?

오늘은 사랑반 교실에 있는 영역실에 대해서 알아볼 거예요.

〈교실의 각 영역 알아보기〉
♠ 쌓기놀이 영역
놀잇감 영역에 배치할 수 있고 놀이영역에서 지켜야 할 약속을 알아본다.

우리친구들, 여기에 있는 쌓기놀이 영역에서는 어떤 것을 볼 수 있을까요?

쌓기놀이 영역에는 이렇게 블록들이 있어요.

이 블록들로 쌓기놀이 영역에서는 무슨 놀이를 할 수 있을까?

멋진 성도 만들 수 있고 집도 만들 수 있구나.
선생님이 우리 친구들이 쌓기 놀이 영역에서 재미있게 놀이하는 모습을 이렇게 사진으로 찍었어요.</td><td>네~

사랑반이에요.

블록이요.

집을 지을 수 있어요.

성도 만들어요.

어? 정말 저예요.</td><td>· 반 이름 카드, 반 이름을 상징하는 그림카드 제시.

실물블록 제시

쌓기놀이 영역에서 활동하는 유아의 사진 제시.</td></tr>
</table>

이야기 나누기 (11:00~11:30)	우리친구들이 쌓기놀이 영역에서 놀이를 할 때에는 어떻게 해야 할까요?	친구랑 싸우면 안돼요.	
	그래요. 친구랑 싸워도 안 돼요. 그럼, 블록을 던지면 어떻게 될까요?	친구들이 다칠 수도 있어요.	
	우리 사랑반 친구들은 모두 멋쟁이라서 블록을 던지지 않고 예쁘게 놀아요.		
	♠ 언어영역		
	이 동화책이 자리를 찾고 있어요. 어디일까요?	저기 언어영역실이요~	동화책 제시
	그래요. 이 언어 영역에서는 책도 읽을 수 있고, 그림카드랑 글자카드도 있어요.		
	이 책들을 넘길 때에는 어떻게 해야 할까요?	천천히 조심히 넘겨야 해요.	언어영역에서 활동하는 유아의 사진 제시.
	찢어진 책을 보면 어떠한 마음이 생기나요?	마음이 아파요. 슬퍼요~	
	우리친구들이 조심해서 책을 읽고, 언어활동을 하는 것을 이렇게 사진으로 찍었어요.		
	책을 볼 때에는 우리 사랑반 친구들이 말한 것처럼 찢어지지 않게 천천히 조심해서 읽어야 해요.		
	♠ 미술영역		
	이 것을 사용해 본 친구 있어요? 우리 사랑반에서 붓을 사용해 본 친구 있나요?	네, 저는요. 어제 그림을 그렸어요.	실제 붓 제시.
	이 붓은 미술영역에 있는 거예요. 여기 미술영역에서 재미있게 놀고 있는 우리 친구들의 모습이 담긴 사진이 있네요.	우와~ 저거 우리 집에도 있는데 유치원에도 있네~	미술영역에서 활동하는 유아의 사진 제시

	♠ 과학영역 와~ 이것은 무엇일까요? 그래요. 아주 작은 글씨나 물건을 크게 보이도록 도와 주는 돋보기는 과학영역에 있는 거예요. 이 사진에서는 우리 친구들이 과학영역에서 열심히 공부하고 있네요.	돋보기요. 우리 할아버지께서 신문을 보실 때 쓰시는 것을 보았어요.	실제 돋보기 제시. 과학영역에서 활동하는 유아의 사진 제시.
	♠ 역할놀이 영역 너무 예쁜 한복 저고리가 있네요. 우리 친구들, 한복 입어본 적 있나요? 이렇게 예쁜 저고리는 역할놀이 영역에 있는 거랍니다. 여기 우리 친구들이 역할놀이 영역에서 재미있게 놀고 있는 모습이 있네요.	네, 선생님 저는요. 지난 설날에 엄마가 사주신 예쁜 한복을 입고 할머니댁에 갔다 왔어요.	실제 한복 제시. 역할놀이 영역에서 활동하는 유아의 사진 제시.
이야기 나누기 (11:00~11:30)	♠ 음률영역 우리친구들, 조개 모양처럼 생긴 캐스터네츠 본 적 있나요? 이렇게 손으로 연주하면 “딱딱”소리가 나는 캐스터네츠는 음률영역에 있는 거예요. 우리친구들이 음률영역에서 악기를 연주하고 있는 모습이 여기 있네요.	네~ 딱딱하고 소리가 나요. 우리 언니가 학교에 들고 갔어요.	캐스터네츠 제시. 음률영역에서 활동하는 유아의 사진 제시.
	〈바닥자리 소개〉 이야기 나누기 시간이나 대집단활동 시간에는 여기 바닥자리에 앉게 되요. 이 자리에서는 어떻게 해야 할까요? 우리친구들이 활동하면서 힘들었던 점이나 불편했던 점을 말해 보세요. 그래요. 친구의 활동을 방해하거나	친구를 기대면 안 돼요. 좁게 앉아도 안 돼요.	

이야기 나누기 (11:00~11:30)	장난을 쳐도 기대어도 안돼요. 교실활동영역에서 지켜야 할 약속을 알아본다. 우리 사랑반에는 이렇게 많은 영역이 있어요. 교실영역에는 많은 놀잇감들이 있는데 그 놀잇감은 각자 자기 자리가 있어서 마구 섞거나 아무 곳에나 두면 다른 친구들이 가지고 놀고 싶을 때 찾지 못할거예요. 멋진 사랑반~ 우리 사랑반 친구들, 선생님이랑 놀잇감을 자기 자리에 두지 않거나 서로 섞어 두지 않고 예쁘게 정리하기로 약속할 수 있죠? 그리고 각 영역에서 지켜야하는 약속들을 기억하고 꼭 지키기로 해요. 유아가 직접 활동영역에서 지켜야 하는 약속을 만들어 본다. :이야기 나누기에서 유아가 직접 정한 약속들을 확장활동으로 소개한다. 선생님이 이렇게 각 교실영역에서의 이름을 크게 적어 두었어요. 이것을 언어영역에 비치해 둘테니깐 우리 친구들이 다음에 언어영역에서 활동할 때, 오늘 우리 친구들이 함께 정한 교실 약속들을 생각주머니에서 꺼내어 적어 보세요. 그럼 선생님이 각 영역에다가 붙여 둘게요. 우리 친구들이 함께 정한 약속들이니깐 더 잘 지킬 수 있겠죠?	네, 맞아요. 저번에 친구들이 아무 곳에나 두어서 캐스터네츠를 못찾았어요. 네네! 선생님~ 네~ 네!! 네.	

이야기 나누기 (11:00~11:30)	교실영역 소개가 끝난 후, 교실영역에 대한 흥미와 친숙감을 증대시켜 앞으로 교실에서 보다 적극적인 유아의 활동이 되도록 연계한다. 우리 친구들이 그동안 유치원에서 놀이를 할 때 어떤 점이 즐거웠어요? 그래요. 이런 교실영역에서 놀이를 하게 되면 친구들과 어울리는 법도 배울 수 있고 생각주머니도 커져요. 그리고 우리 몸의 크고 작은 운동기능이 점점 자라고, 친구들과 이야기하면서 놀이를 하다보면 말도 잘 할 수 있고 잘 들을 수 있게 된답니다. 우리 친구들, 놀이는 재미도 있지만 이렇게 좋은 점도 아주 많답니다. 여러 영역에서 활동을 할 수 있도록 돕는다. 여러 가지 교실영역에서 재미있는 것들이 많이 있으니깐 이제부터는 우리 친구들이 여러 영역을 둘러보며 재미있는 놀이를 많이 해 보기로 해요. 다음 활동을 유아들에게 알려준다. 그럼 이제부터 우리 사랑반의 멋진 정리상자를 만들고 교실영역을 꾸며보는 것은 어떨까요?	놀이를 하면 기분 나빴던 일들이 생각이 안나요. 너무 재미있어요. 언어영역실에서 엄마에게 편지쓸 때가 재미있어요. 미술영역에서 손바닥 찍기를 할 때가 너무 즐거웠어요. 네~ 좋아요~	유아가 자율적으로 정한 교실 약속을 이야기 나누기로 끝내는 것이 아니라 언어영역으로의 확장활동이 가능하다.
	〈주의집중〉 이야기 나누기를 마친 후, '모두모두 모여라' 녹음 음악을 들으며 미술 원탁 책상에 앉는다.	유아는 함께 활동 시작 노래를 부르며 원탁에	

	모두모여라♪ 모두모여라♪ 모두모두 모이자♩	모여 앉는다. 모두모여라♪ 모두모여라♪ 모두모두 모이자♩	
	〈오늘의 활동내용(협동작품, 정리상자 꾸미기) 주제〉 :교실영역 각각의 정리상자를 미술시간에 소그룹별(협동작품)로 만든 것을 소개하고, 소그룹별로 비밀상자에서 자기팀이 만들어야 할 교실영역 정리상자를 뽑는다.		비밀상자 제시 각 팀별로 만들어야 할 교실영역을 비밀상자에서 뽑은 후, 교사는 언어카드로 팀별 작업해야 할 내용을 융판에 부착해 두어 유아들에게 자신의 역할의식을 고취시킨다.
미술활동 (11:30~12:00)	사랑반 친구들, 우리 사랑반에 영역에는 무엇무엇이 있었나요?	역할놀이 영역실~ 언어영역~ 과학영역~ 미술영역~ 쌓기영역~	
	사랑반의 재미있는 놀이를 할 수 있는 영역에서 정리, 정돈을 잘하기로 약속했었죠?	네~	
	지금부터 사랑반의 교실영역에 꼭 필요한 정리 상자를 함께 만들고 꾸며 볼거예요.	신난다! 좋아요!!	
	짜자잔~ 비밀상자에서 팀별로 교실영역 한 곳을 뽑습니다. 눈은 꼭 감으세요. 햇님팀은 미술영역에 정리 상자를 꾸며야겠네요. 천둥팀은 쌓기 영역에 정리 상자를 꾸미구요.	우와~우리는 미술영역이다!!	유아들은 비밀상자에서 자신들의 역할을 뽑는 것에 흥미로워한다.
	〈꾸미기 재료 소개, 활동방법〉 다양한 꾸미기 가능한 재료	유아 나름대로의	

<table>
<tr>
<td>미술활동
(11:30~12:00)</td>
<td>(스팽글, 뽕뽕이,색깔시트지)를 소개하고 꾸미기 기법(찢어 붙이기, 색칠하기)을 소개한다.

나와라~뚝딱!!
선생님은 사랑반의 쓰레기를 담는 휴지통을 만들어봤어요.
분홍색깔 시트지를 오려서 붙이고 스팽글로 하트모양을 만들어 봤답니다.
우리 친구들은 더 멋진 정리 상자를 만들 수 있을 거예요.
지금부터 생각주머니를 열어서 우리 친구들은 어떻게 정리 상자를 만들지 생각해 보세요.

〈정리 상자 만들기, 꾸미기〉
여러 가지 정리 상자를 보여주며 교실영역별로 다양한 크기의 상자가 필요하다는 것을 이야기 나눈다.
쌓기놀이에 자동차 장난감을 담으려면 정리 상자가 커야할 것 같네요.
(놀잇감의 크기, 종류, 수)
팀별 필요한 빈 상자를 가져간다.
(다양한 크기, 모양)
팀별로 필요한 상자를 가져 가세요~

유아들이 생각하는 나름대로의 꾸미기 활동을 한다.
도화지에 색연필, 사인펜으로 우리 친구들이 좋아하는 그림을 그려서 상자에 붙일 수도 있겠네요.</td>
<td>다양한 꾸미기 기법을 표현할 것이다.

저는 반짝이, 뽕뽕이를 정리상자에 붙일거예요.
저는 색종이를 찢어 붙이고 싶어요.

우리는 언어영역이니깐 연필, 풀, 가위를 담을테니깐 작은 상자를 가져와야겠어.

나는 우리 사랑반 하트를 그릴꺼야!
우리는 선생님 얼굴을 색종이로 오릴꺼야!!!</td>
<td></td>
</tr>
</table>

미술활동 (11:30~12:00)	〈정리활동〉 유아들의 꾸미기활동이 마무리되면 정리음악을 틀고 정리시간을 가진다. 〈미술활동 느낌 발표, 유아 작품 발표〉 오늘의 미술활동에 대한 느낌, 작품을 발표하여 의미를 가진다. 사랑반 친구들~ 오늘 사랑반의 교실영역에 정리 상자를 선물할 수 있었어요. 팀별로 함께 정리 상자를 꾸며 봤는데 사랑반 친구에게 서로 작품 소개해 줄 수 있나요? 우리 사랑반 하늘 팀, 햇님 팀, 천둥, 번개 팀 모두모두 멋진 정리 상자를 만들어 주었네요. 색종이로 예쁘게 색깔도 입혀주고 딸랑딸랑 방울도 달아 줄 수도 있었죠. 정리 상자를 만들면서 어땠나요? 힘든 작업도 있었지만 우리 친구들 모두모두 함께 이야기 나누면서 정리 상자를 멋지게 만들어 주었네요. 앞으로는 우리 친구들이 직접 만든 정리 상자가 있으니깐 더 멋지게 정리정돈 할 수 있을 것 같아요.	유아는 사용하던 재료를 정리한 후, 카펫 자리에 모여 앉는다. 네네! 선생님~ 저는 사인펜으로 예쁘게 색칠해 주었어요. 네네~ 선생님. 안녕하십니까~ 저희 하늘팀은 과학영역실에서 돋보기, 온도계, 손거울을 담을 수 있는 정리 상자를 꾸며 보았습니다. 우리 번개팀은 쌓기 놀이영역에서 큰 정리 상자를 꾸미려니깐 시간이 부족했어요. 저는 친구들이랑 같이 만들 수 있어서 더 즐거웠어요.	

	'새들의 결혼식' 손유희와 함께 점심식사 시간을 알린다.	저 푸른 숲에 새들 모여 결혼식을 한대요~ 띠디랄랄라~♬ 띠디랄랄라~♬ 띠디디라랄라~	
점심 및 바깥놀이 (12:00~1:20)	〈점심식사〉 **· 손씻기** 긴 바늘이 12! 적은 바늘도 12! 점심식사 시간이 되었습니다. 우리 친구들, 차례를 지켜서 손을 씻고 옵니다. **· 식사 도우미 발표, 식사기도** 식사기도 준~비!! 두~손 짝!! 소리없이 짝!! 오늘도 맛있는 점심을 주셔서 감사합니다. **· 식사, 정리정돈** 점심을 골고루 먹은 후, 정리정돈을 한다. 〈바깥놀이〉 오늘의 바깥놀이는 스키핑, 줄넘기.		
언어활동 (13:20~13:50)	'사전활동으로 동시를 들려주기 전에 자유선택활동 각 영역을 살펴보면서 어떤 놀이를 하는 곳인지 이야기 나눈다.' 이야기나누기 시간에 이루어진 활동이다. 〈주의집중하기〉 짧은 시간 잔잔한 음악을 들으며 바깥놀이에서 흥분되었던 마음을 차분히 가라앉힌 후, 정적인 활동으로 이어간다.	 유아는 명상에 잠긴다.	병풍책 1개 막대자료 2개 각 영역이 그려진 그림 자료를 병풍책이 되게 접는다. 막대자료: 유아와 토끼 그림의 뒷부분에 막대를 붙여 막대자료로 만든다.

	사랑반, 눈을 감고 귀를 쫑긋 세워서 들어봅니다. 하나, 둘~	네~	
	조용히 눈을 반짝뜹니다.	우와~	
	〈동시듣기, 동시짓기〉 **· 동시 주제소개** (유아그림 막대자료 – 호기심) 막대그림이라는 매체를 통하여 활동에 대한 호기심을 자극시킨다.	긍정적인 반응이 나올 것이다.	
언어활동 (13:20~13:50)	친구들에게 궁금한 것이 있어. 너희들은 유치원에서 어떤 놀이를 하니?(여우그림 막대자료를 등장시키며)내 친구 꼬마 여우가 다니는 유치원에 놀러 가보자.	좋아좋아.	
	교사는 '무슨놀이를 하니, 꼬마 여우야'라는 질문을 하고, 병풍책에 있는 여우가 '잠깐만 생각을 해보구~'대답을 하는 것처럼 들려준다.	유아 또한 유치원에서 무엇을 하는지 떠올려 보는 기회를 가지게 된다.	
	· 새 동시 내용 익히기 교사가 병풍책 그림의 각 놀이영역으로 여우그림 막대자료를 옮기면서 동시를 들려준다. (예: 바깥놀이→언어놀이→소꿉놀이→쌓기놀이→책보기)	꼬마 여우야, 무슨놀이를 하니? 친구와 소꿉놀이 꼬마 여우야, 무스 놀이를 하니? 친구와 책보기	
	동시판을 제시하여 유아가 동시판을 보며 함께 읊는다. 우리 친구들, 함께 보고 읽어 보아요. 먼저 빨리 읽으면 여러 가지 소리가 울려서 들리겠죠~	꼬마 여우야, 무스 놀이를 하니? 친구와 바깥놀이 선생님~ 여우도 우리처럼 유치원에서 많이 놀아요. 네네~ 선생님!!	동시판 제시 '새 동시' "무슨 놀이를 하니, 꼬마 여우야"
	유아들과 교사가 동시를 한 구절씩 나누어 읊는다.		

<table>
<tr><td rowspan="6">언어활동
(13:20~13:50)</td><td>꼬마 여우야, 무슨 놀이를 하니?

· 친구와 쌓기 놀이
유아와 교사가 함께 동시를 읊는다.
이번엔 선생님과 같이 한 번 읽어 봅니다.</td><td></td><td></td></tr>
<tr><td>**· 새 동시를 개작**
동시와 유아의 실제가 접목
사랑반 친구들이 좋아하는 놀이로 고쳐서 한 번 동시를 지어 보아요.</td><td>좋아요~
나는 물, 모래 놀이가 제일 좋아!</td><td>필기구, 종이자료 제시.</td></tr>
<tr><td>유아들의 놀이 활동 경험을 되새길 수 있는 시간이 되어 준다.
유아간에 질문이 이루어진다.
나는 역할놀이를 했는데,
너는 무슨 놀이를 하였니?
친구들과 역할놀이하고 동시를 만들 수 있을 것 같아요.</td><td>유아들의 다양한 경험을 바탕으로 서로에게 묻고 답하면서 동시 개작이 이루어질 것이다.</td><td></td></tr>
<tr><td>**· 유아 동시작품 발표**
실제 유아의 경험에 기초한 동시를 서로에게 소개하고 동시를 읊어보면서 추억하고 재미있게 공유한다.
우리 친구들이 지은 동시를 한 번 읽어주고 싶은 친구 있나요?</td><td>저요~ 저요!!
제가 발표해보겠습니다.</td><td>유아가 다소 어려워할 수 있는 창작 글짓기 이므로 처음에 교사의 도움이 필요하다.
확장활동으로 리듬을 넣어 친구에게 묻고 답하는 놀이를 할 수 있다.</td></tr>
<tr><td>아주아주 멋지게 동시를 지었네요~
박수쳐 줄까요.
우리 사랑반 친구들이 멋지게 생각주머니를 서로서로 활짝 열어 주었네요.</td><td>박수 짝짝~
이야~~~좋아라</td><td></td></tr>
</table>

	· 유아작품 전시 우리 친구들의 동시는 오후에 선생님이 사랑반 환경판에 붙여두겠습니다. 친구들~ 문 앞에 한 줄 기차합니다.	야호!! 제가 한 것도 꼭 붙여 주세요. 네네~ 선생님!!	
귀가지도 (1:50~2:00)	〈오늘의 활동 마무리와 언어전달〉 오늘 하루 일과의 느낌을 짧게 이야기 나누며 보람을 찾는다. ‘오늘 어머니께 전하는 말씀’을 유아에게 전달한다. “안녕히 계십시요.” 라고 공손히 인사하며 내일을 기약하며 귀가한다. 차량지도－차량을 이용하는 유아는 버스 안에서의 안전에 신경쓴다.		언어전달장
평가	1. 교실의 영역 위치와 각 영역의 교구, 놀잇감을 알 수 있었는가? 2. 놀이 영역에서 지켜야 할 약속을 알 수 있었는가?		

일일활동계획안 2

<table>
<tr><th>활동주제</th><td>화장실을 사용해요.</td><th>대상연령</th><td>5세</td></tr>
<tr><th>활동목표</th><td colspan="3">1. 화장실에서 지켜야 할 약속을 알고 바른 태도로 실천할 수 있다.
2. 화장실 사용 순서에 대해 알고 실천할 수 있다.</td></tr>
<tr><th>활동자료 및 준비물</th><td colspan="3">이야기 나누기－그림카드
게임－반환점, 발바닥 모양 스티커카드, 출발선
동화－요술구두 동화책</td></tr>
<tr><th>활동 전개과정</th><th>교 사</th><th>유 아</th><th>비 고</th></tr>
<tr><th rowspan="2">등원 및
자유선택활동</th><td colspan="2">등원한 유아들은 출석카드에 스티커를 붙이고, 언어 전달장을 작성한 뒤, 자유선택활동을 한다.</td><td rowspan="2"></td></tr>
<tr><td colspan="2">〈자유선택활동〉
♠ 미술영역
1. 선 따라 자르기
여러 가지 선이 그려진 종이를 따라 가위로 자른다.
2. 그림 그리기
미술 영역의 종이상자에서 종이를 꺼내어 자기가 그리고 싶은 것을 그린다.
3. 종이접기
친구들과 종이접기를 하며, 이야기를 나눈다.

♠ 수 · 조작영역
이름 기억카드
우리 반 친구들의 사진카드와 이름카드가 붙어 있고, 그 위에는 뚜껑으로 덮여 있다. 두 개의 뚜껑을 열어 짝이 맞으면 뚜껑을 가져가고, 뚜껑을 많이 가진 유아가 이기는 게임이다.

♠ 언어영역
나에게 맞는 것을 찾아주세요.
소방서와 병원, 빵집 카드가 있고, 여러 가지 그와 관련된 카드들이 있다. 유아들은 서로 이야기를 나누며, 카드와 관계된 것을 찾아준다.</td></tr>
<tr><th>정리정돈
(10:10~10:20)</th><td colspan="2">선생님의 피아노 반주에 맞추어 유아들은 자유선택활동을 정리하고, 화장실을 다녀온 뒤, 카펫 자리에 모여 앉는다.</td><td></td></tr>
</table>

	사랑하는 하늘반~ (놀란 표정을 지으며)어? 선생님이 우리 친구들이 정리를 마치고 화장실에 다녀오는 것을 보았어요. 조용히 질서를 지키며 다녀오는 친구들도 있었지만, '얼굴을 찌푸리며' 뛰어갔다가 다녀오는 친구들도 선생님이 보았어요.	네네!! 선생님~	
	우리 친구들~ 화장실을 갈 때나 강당에 갈 때, 복도에서나 교실에서 뛰어다니면 어떻게 된다고 그랬죠?	친구들이랑 부딪혀요~ 넘어져요. 다쳐요.	
이야기 나누기 (10:20~10:50)	그래요. 친구들이랑 부딪히게 되고, 넘어지게 되죠. 그리고 화장실에 가서는 자신의 차례를 기다리며, 줄을 서야 되는데, 우리 친구들 줄을 다 섰었나요?	네~	
	그렇군요. 줄을 잘 선 친구들도 있었구요. 줄을 서지 않고 화장실을 사용한 친구들도 있었어요.		
	선생님 생각엔 우리 친구들이 많은 사람이 함께 사용하는 화장실이 처음이라 아직은 사용하는게 서툰 것 같아서 선생님이 우리 친구들과 모두가 함께 사용하는 화장실 사용법에 대해 이야기해 보려고 해요. 우리 친구들은 화장실에 갈 때 어떻게 해서 가야 될까요? 예쁜 손 어디에?	예쁜 손 허리에!! 뛰어가서도 안 되어요.	
	그래요. 우리 친구들은 잘 알고 있네요. 만약 오늘 아침처럼 우리 친구들이 뛰어서 화장실에 가게 된다면 어떻	넘어져요.	

이야기 나누기 (10:20~10:50)	게 될까요? 그래요. 넘어질 수도 있고, 다칠 수도 있어요. 우리 하늘 반 친구들~ 그럼 앞으로는 어떻게 화장실에 가야 한다구요? 그래요. 앞으로는 조심히 천천히 걸어서 가도록 해요. 그래요. 그럼 우리 친구들이 화장실에 갔어요. 화장실에 사람이 없을 때는 비어있는 화장실에 들어가면 되지만, 많은 친구들이 화장실을 사용하고 있을 때는 어떻게 해야 할까요? 그래요. 아주 좋은 이야기를 해줬어요. 줄을 서야 해요~ 선생님이 준비한 그림카드를 볼까요~(그림카드를 융판에 붙이며) 그림 속의 친구들이 멋지게 줄을 서 있죠. 우리 하늘 반 친구들은 어떻나요? 이렇게 멋지게 줄을 서나요? 그렇군요. 줄을 서지 않는다면 다른 친구의 기분을 상하게 할 수도 있어요. 줄을 서는 것과 서지 않는 것 어느 것이 더 예쁘고 바른 모습일까요? 그래요. 우리 하늘 반 친구들은 앞으로 줄을 잘 서는 멋진 친구들이 될 것 같아요. 줄을 서서 차례를 기다리다가 자신의 차례가 되면 화장실에 들어가면 되요. 그런데 내가 첫줄에 서있는 거예요. 그럴 때는 문을 막 열고 들어가도 될까요?	다쳐요. 걸어서 가요. 예쁜손 허리에 하고 가야 해요. 네~ 줄을 서야 해요. 네~ 그런데요, 줄을 서지 않은 아이도 있어요. 줄을 서야 해요. 아니요. 문을 두드려야	

이야기 나누기 (10:20~10:50)	그래요. 선생님이 그림처럼(노크하는 장면을 융판에 붙이며) 문을 똑똑똑 두드리고 들어가야 해요. 노크를 안하고 들어가게 되면 안에 있는 친구가 놀라겠죠. 그럼 선생님과 같이 노크하는 법을 알보도록 해요. 자~ 주먹을 쥐어 보세요. 주먹을 "똑똑똑" 하는데요. 너무 세게 두드리면 될까요?	해요. 안돼요. 문 부서져요.	
	그렇죠. 살짝만 힘을 줘서 "똑똑똑" 하는 거예요. 같이 해 볼까요? 하나, 둘, 셋~	똑똑똑!!	
	그래요. 그럼 먼저 남자 친구들이 소변을 보는 방법을 누가 이야기해 볼까요?	바르게 서서 소변을 눠야 해요.	
	그래요. 바르게 서서 소변을 눠야 해요. 선생님이 준비한 그림카드를 보세요. (융판에 붙이며) 어때요? 남자 친구들이 변기 앞에 바르게 서서 움직이지 않고 소변을 보고 있어요. 우리 하늘 반 남자 친구들은 소변볼 때 어떤 자세로 있나요? 그림 속의 친구처럼 소변을 보나요?	네~. 선생님 저는 예쁘게 서서 눠요.	
	그렇군요~바로서서 소변을 보는 친구들도 있지만 장난을 치면서 소변을 보는 친구들도 있었어요. 그렇게 움직이고 장난치면서 소변을 보게 되면, 어떻게 될까요?	자꾸만 움직이고 장난치는 아이도 있어요.	
	그래요. 우리 친구들이 똑바로 서서 소변을 누지 않으면, 옆에 있는 친구	옆 친구가 싫어	

이야기 나누기 (10:20~10:50)	들의 기분을 나쁘게 만들기도 하고, 화장실도 더러워지게 되요. 그럼, 앞으로는 어떻게 해야 할까요? 하늘반 친구들~ 그래요. 그럼 이번에는 여자 친구가 소변을 볼 때의 자세에 대해 알아볼까요? 여자친구는 어떻게 소변을 볼까요? 그렇구나. 여기 그림처럼(여아 소변 보는 모습 융판에 붙이며)옷을 무릎 밑까지 내린다면 아주 편안한 자세로 소변을 볼 수 있을 거예요. 그런데 만약 옷을 벗어버린다면 시간이 너무 오래 걸리고, 화장실을 사용하는 것이 귀찮고, 불편한 일이 될 것 같다고 생각해요. 그래요. 그럼 바지를 무릎 밑까지 내리지 않고, 그냥 옷을 입은 채로 소변을 보거나 아주 조금만 바지를 내린다면 어떻게 될까요? 그래요. 옷이 다 젖어 버리겠죠. 그리고 옷을 다 내리지 않는다면 바른자세로 배변이나 소변을 볼 수 없어서 불편하고 변기통 밖으로 오줌이 튀어나갈 수 있으니깐 옷을 다 내리도록 해요. 그럼 옷을 입을 때는 어떻게 입어야 하나요?	해요. 오줌이 묻어요. 똑바로 서서 소변을 눠야 해요. 장난치지 말아요. 옷을 벗고 눠요. 옷을 무릎 밑으로 내려서 소변을 눠요 맞아요. 사실은 옷 안 벗어요. 오줌 싼 것처럼 되요. 옷이 젖어요. 네~ 선생님, 팬티 입구요. 위에 입은 옷 내려서 바지 입어	

이야기 나누기 (10:20~10:50)	그렇죠. 너무 잘 알고 있네요. 그럼 대변이나 소변을 보고 옷을 입고 그냥 나오면 될까요?	야 해요. 아니요. 물을 꼭 내려야 해요.	
	그렇죠~물을 내려야 해요. 여기를 보세요. (남아, 여아 변기 물 내리는 그림카드 융판에 붙이며)그림 속의 친구들은 소변을 보고 물을 내리고 있어요. 만약 물을 내리지 않는다면, 어떻게 될까요?	냄새가 나요.	
	좋지 않은 냄새가 나서 화장실에 가기 싫게 만들거예요~ 그럼, 물은 어떻게 내릴까요? 하늘반 친구들 화장실에서 물 내려봤죠? 선생님에게 이야기해 줄 수 있나요?	(여아)변기 뒤에 보면요. 이렇게 (물 내리는 손잡이 고리 모양을 손으로 그리며) 생긴게 있는데요. 그걸 누르면 물이 내려가요. (남아)변기 위에 동그란 버튼을 누르면 되요~	
	그렇군요. 잘 알고 있네요. 우리 친구들 잘 들었나요? 그럼 화장실에서 나가면 될까요?	안 돼요. 손씻어야 해요. 밥 먹을 때처럼~	
	그래요. 아주 중요한 이야기를 해 주었어요. 손을 씻고 나가야 해요. 그런데 손은 왜 씻을까요?	오줌이 묻으니깐요.	

이야기 나누기 (10:20~10:50)	우리 친구들이 화장실을 사용하고 난 후에 손을 씻지 않으면, 소변을 보고 난 뒤 손에 묻은 이물질이 그대로 남아 있어서 나쁜 병균이 몸에 들어가게 된데요. 그렇다면 우리친구들 손은 어떻게 씻어야 할까요?	잘 모르겠어요.	
		깨끗이요.	
	그래요. 깨끗이 씻어야 해요~ 깨끗이 씻으려면 어떻게 씻어야 할까요?	뽀득뽀득 소리 나도록 깨끗이 비누칠해서 꼼꼼히 씻어야 해요.	
	손을 깨끗이 씻는 방법에 대해서는 우리 친구들이 너무 잘 알고 있네요. (선생님은 손을 씻는 순서 카드는 융판에 붙이며) 손을 물에 담궈서 비누칠을 하고 손가락 사이사이를 깨끗이 문질러서 씻어야 해요. 그리고는 물로 다시 손을 헹구어야 합니다. 선생님 이야기가 맞는 것 같나요?	네.	
	그런데, 중요한 것이 있어요. 우리 친구들이 손을 씻을 때 물을 어떻게 사용하나요? 물을 계속 틀어 놓고 비누칠을 하고 씻기도 하나요?	네, 근데요. 물을 계속 틀어 놓으면 안 돼요.	
	그래요. 물은 우리에게 너무 소중한 재산이예요. 그런 물을 함부로 사용해서는 안되요. 선생님이 우리 친구들에게 해주고 싶은 이야기는 손을 씻을 때 비누칠을 하거나 물을 사용하지 않을 때는 물을 꼭꼭 잠그고 손을 헹굴 때는 필요한 만큼만 세면대에 받아서 사용하자는 거예요.		

이야기 나누기 (10:20~10:50)	물을 아껴서 사용합시다! 비누를 아껴서 사용합시다~ 자, 그럼 손을 다 씻었어요. 이제 그만 화장실에서 나가도 되겠죠?	네.	
		안 돼요~ 손에 아직 물이 남아 있어요.	
	그래요. 손에 아직 물이 많이 묻어 있어요. 그럼 물에 젖은 손은 어디에 닦을까요? 그냥 옷에 닦으면 될까요?		
		아니요. 그냥 옷에 닦으면 옷이 더러워져요. 화장실에 걸려 있는 수건에 손을 닦아요.	
	그래요. 수건에 손을 꼭꼭 닦아주면 되요. 어때요? 우리 친구들 이젠 화장실 사용 아주 멋지게 잘 할 수 있겠죠?		
		네.	
	그래요. 우리 하늘반 친구들은 똑똑하니깐 분명히 잘 할 수 있을 거예요. 선생님이랑 다시 한번 순서를 이야기해 보고, 약속하도록 해요~ 어떤 친구가 이야기해 볼까요?		
		제가 발표해 보겠습니다. 화장실에는 뛰어가지 말고 걸어가서 문 앞에 줄을 서서 기다립니다. 그리고 문에 '똑똑똑'하고 노크를 하고 들어가서 소변을 보고요~ 물을 내리고 옷을 단정	

<table>
<tr><td>이야기 나누기
(10:20~10:50)</td><td>그래요~ 우리 친구들이 선생님과 이야기를 나누었듯이 앞으로는 여러분이 알고 있는 것처럼 깨끗이 화장실을 사용해야 해요~
선생님이랑 약속해요.
약~속!!!

♬꼭꼭 약속해♬
도~장!!

자, 그럼 선생님과 즐거운 게임을 할 거예요.
우리 친구들 강당에서 게임을 하면서 화장실에 가기는 불편하니깐요.
화장실 다녀오고 싶은 친구들, 물 마시고 싶은 친구들, 지금 다녀오세요~</td><td>하게 입고 나옵니다. 그리고 꼭 손을 깨끗이 씻어야 합니다.

(유아들은 새끼손가락을 위로 올린다.)
♬꼭꼭 약속해♬

네.</td><td></td></tr>
<tr><td>강당이동
(10:50~11:00)</td><td colspan="2">화장실에 다녀오고 싶은 유아는 화장실에, 물을 마시고 싶은 유아는 물을 마시러 다녀온 뒤, 짝꿍 기차하여 강당으로 이동한다.</td><td></td></tr>
<tr><td>게임
〈발바닥 따라가기〉
(11:00~11:40)</td><td>짝꿍 기차 줄을 한 줄로 나누어 강당의 양쪽 끝에 한 줄 기차를 만들어 세운다.
즐거운 게임시간입니다.
사랑하는 하늘 반!!

오늘은 선생님과 '발바닥 따라 가기'라는 게임을 할꺼예요~
어떻게 하는 게임일까?

그래요. 선생님이 발바닥 모양을 강당 바닥에 미리 붙여 놨어요.~
그럼 이 발바닥을 이용해 게임을 할 수 있을까?</td><td>네네! 선생님~

여기 밑에 발바닥 표시가 있어요.</td><td>(게임 환경)
강당 바닥에 미리 발바닥</td></tr>
</table>

게임 〈발바닥 따라가기〉 (11:00~11:40)	그래요. 발바닥 위를 따라가면 되요. 그런데 여기 발바닥 모양이 하나만 붙어있는 그림은 어떻게 가라는 의미일까요? 그래요. 발바닥 모양이 두 개인 것을 두 발로, 한 개인 것은 한 발로 가는 거예요. 그럼 우리 친구들 게임규칙을 정해 볼까요? 그래요~우리 친구들이 만든 규칙을 지키면서 즐거운 게임을 하도록 해요. 그런데 친구들이 게임을 하는 동안 나머지 친구들은 무엇을 해야 할까요? 그래요! 친구가 잘 할 수 있도록 우리 친구 이름을 큰 소리로 불러주며 힘차게 응원 하도록 해요. 사랑하는 하늘반!! 이기는 것 보다 중요한 것은 '얼마나 열심히 즐겁게 게임을 하는가'라는 것 알죠? 그럼 자~순서대로 나와 볼까요?	발바닥 위를 따라가요. 음~한발로 가요. 선생님 이렇게 요. (유아는 일어서서 한발로 뛰는 모습을 보여준다.) 출발선에서 신호를 듣고 출발해요. 발 모양대로 끝까지 가야 해요. 올 때는 뛰어와요. 출발선까지 되돌아 와야 해요. 응원이요. 네. 네네!! 선생님~ 네. 유아들은 차례를	모양을 붙여 놓는다. 출발선을 그어 놓고, 돌아오는 반환점을 표시해 둔다.

게임 〈발바닥 따라가기〉 (11:00~11:40)	사랑하는 하늘반~ 오늘 경기는 토끼팀이 이겼어요! 사자팀은 박수~ 그런데, 어느 팀이 응원을 더 열심히 잘했죠? 사자팀 친구들이 질서를 잘 지키고 앉아서 응원을 너무 열심히 했어요. 토끼팀 박수~ 어때요? 게임은 재미있었나요? 그래요. 게임을 하는 동안 힘들었던 점은 없었나요? 그랬군요. 게임이 재미있었다고 했는데, 어떤 점이 재미있었나요? 그랬구나. 우리 재미있고, 신나게 게임하는 동안에 벌써 시간이 점심 시간이 다 되었어요. 우리 친구들, 다시 짝지기차를 만들어 조용히 교실로 갑니다. 교실에 가서 손씻고 도시락 준비 하세요~	지켜 일대일로 게임을 하고, 그 다음번에는 릴레이 식으로 게임을 진행한다. 게임을 마친 유아는 다시 줄을 서서 자리에 앉는다. 짝짝짝~ 짝짝짝~ 네, 또 하고 싶어요. 두 발로 뛰다가 한 발로 뛰는게 힘들었어요. 넘어질 뻔 했어요. 발바닥 모양 따라 걷는게 재미있었어요. 네.	

<table>
<tr><td>교실이동 및 점심준비
(11:40~12:00)</td><td colspan="2">유아들은 짝꿍 기차하여 교실로 이동한다.
손을 씻고, 물을 마시고 도시락을 꺼내어 준비한다.</td><td></td></tr>
<tr><td>점심 및
실내・외
자유선택활동
(12:00~13:10)</td><td colspan="2">점심을 받은 유아들은 “잘 먹겠습니다.” 점심 기도를 마친 뒤, 즐겁게 식사를 한다.
점심을 먹은 뒤 꼭! 양치질을 하고, 유아의 선택에 따라 실내・외 자유선택활동을 한다.</td><td></td></tr>
<tr><td>실・내외
자유선택활동
정리정돈
(13:10~13:20)</td><td colspan="2">유아들은 실내・외 자유선택활동을 정리한다.
손을 씻고, 물을 마시고 교실로 들어와 선생님의 피아노 반주에 맞추어 카펫 자리에 모여 앉는다.</td><td></td></tr>
<tr><td rowspan="2">동화
(13:20~13:50)</td><td>사랑하는 하늘반!!
오늘은 무슨날?
그래요. 오늘은 우리 하늘반 친구들이 좋아하는 동화 듣는 날이예요. 오늘 선생님이 들려줄 동화의 제목은 “요술구두”예요.

그래요. 자~ 동화나라~</td><td>네네!! 선생님!!!
동화 듣는날!!

선생님. 동화나라 큐해요~
큐!!!</td><td rowspan="2">동화책</td></tr>
<tr><td colspan="2">〈요술구두〉
옛날 깐따삐라라는 곳에 요술 할머니가 살고 있었습니다. 어느 날, 그 할머니는 신발가게 앞을 지나가다가 아주 마음에 드는 신발 하나를 발견하였습니다.
낡은 신발과 새 신발을 바꾸어 신은 할머니는 아주 기분이 좋았습니다.
“아주 기분이 좋은데, 옳지! 이 신발한테 요술을 걸어야겠다. 여기 있는 귀여운 방울을 딸랑딸랑 흔들면서 명령만 내리면 어디든지 갈 수 있는 그런 신기한 요술을 걸어야겠다.”
“사찌까멜라 메찌까멜라, 보비디 바디부!”하면서 요술 할머니가 주문을 외우자 신발은 살아 있는 듯 ‘딸랑딸랑’소리를 내었습니다.

“한번 시험을 해볼까. 딸랑딸랑, 요술 할머니네 집으로 가자.”하고 명령을 내리자 요술구두는 ‘딸랑딸랑’ 소리</td></tr>
</table>

동화 (13:20~13:50)	를 내면서 어느 새 요술 할머니 집 앞에 눈 깜짝할 사이에 도착해 있었습니다. 요술 할머니는“오늘은 요술을 많이 썼더니 피곤하군.”하면서 침대에 누웠습니다. 창문으로 바람이 살랑살랑 불어오자 할머니는 신발을 벗어둔 채 스르르 잠이 들었습니다. 그리고 산들바람에 방울도 ‘딸랑딸랑’ 움직이기 시작했습니다. 그 때, 요술 할머니는 꿈 속에서 생선을 훔치려는 고양이를 혼내면서 “저리 가, 저리 가라고 잠꼬대를 큰 소리로 하였습니다. ‘딸랑딸랑’ ‘저리 가!!’ ” 그러자 요술 구두는 명령인 줄 알고 저절로 걸어가기 시작했습니다. 저쪽으로 저쪽으로 걸어가는 요술 구두! 여러분! 혹시 여러분도 요술구두를 보거든 ‘딸랑딸랑’하면서 명령만 내려보세요. 어디든지 갈 수 있을 거예요.		
	하늘반 ‘요술구두’ 동화 잘 들었어요?	네~	
	그럼 우리 하늘 반 친구들이 얼마나 잘 들었는지 선생님이 몇 가지만 물어 볼께요. 동화 속에 어떤 것들이 나왔나요?	요술할머니요. 지팡이 방울이요. 요술구두요~	
	그럼, 요술구두는 왜 멀리 가버렸을까요?	요술 할머니가 잠꼬대 했어요. 저리가라고 했어요.	
	그래요~ 우리 친구들이 동화를 아주 열심히 잘 들었다는 것을 선생님이 알겠어요. 선생님과 동화를 듣고 이야기를 나누는 사이에 벌써 마칠 시간이 다 되어 버렸어요. 우리 친구들 집으로 돌아가면서 내게 요술구두가 있었다면, 어떻게 할		

	까? 하고 한번 생각해 보도록 해요.	네.	
귀가지도 (13:50~14:10)	하늘반 친구들은 가방 가지고 와서 카페트 자리에 앉으세요. 교사는 유아에게 전달사항이 적힌 가정통신문을 가방에 넣어 주며, 유아 한 명 한 명과 인사를 나눈다.	유아는 유치원 버스를 타고, 또는 걸어서 귀가한다.	
평가	1. 화장실에서 지켜야 할 약속을 알 수 있었는가? 2. 화장실 사용 순서에 대해 알고 실천할 수 있었는가?		

유치원 영역별 자료 짝짓기(언어)

♠ **활동목표** : 유치원에 있는 여러 가지 자료에 관심을 가진다.
영역별 이름을 알고 자료를 분류할 수 있다.

♠ **활동자료** : 활동판, 빨래집게 글자 12개, 비밀상자

♠ **만드는 방법** :

〈활동판〉

1. 하드보드〈지름 17cm〉를 둥글게 자른다
2. 도화지〈지름 17cm〉를 6등분으로 나눈다.
3. 언어, 수, 음률, 조형, 역할, 쌓기 영역을 그린다.
4. 도화지〈지름 17cm〉에 영역그림을 그리고 글자를 붙인다.
5. 코팅하여 하드보드 위에 고정시킨다.
6. 하드보드 뒷면에는 여러 가지 모양을 잘라 코팅하여 붙인다.

〈빨래집게 글자〉

1. 영역별 교구의 그림을 그리고 색칠한다.
2. 교구글자를 교구그림에 붙인 후 코팅한다.
3. 빨래집게 앞면에 붙인다.
4. 빨래집게 뒷면은 하드보드 뒷면의 모양과 같은 모양을 코팅하여 붙인다.

〈비밀상자〉

1. 하드보드로 상자(20×20cm)를 크기 만든다.
2. 상자의 윗부분 둥글게 오려 낸다.
3. 상자를 한지로 싼 후 무색시트지로 싼다.
4. 비밀상자라고 쓴다.

비 밀 상 자

수영역

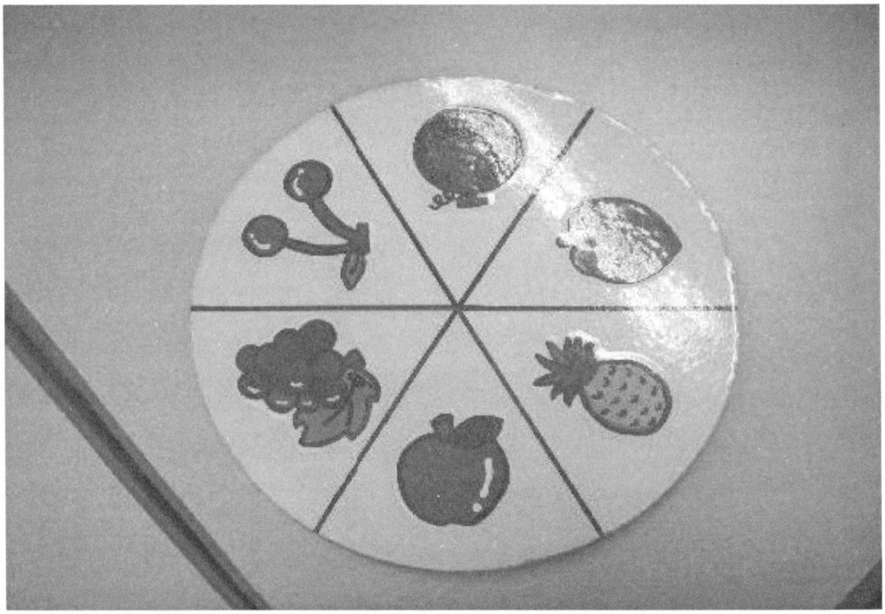

♠ 활동내용

1. 비밀상자에서 빨래집게 글자를 꺼낸다.
   - 여기 비밀상자에 재미있는 글자들이 있어.
   - 어떤 글자가 있는지 꺼내 보자.
2. 빨래집게 글자를 읽어 본다.
   - 글자를 읽어 볼 수 있니?
   - 이야기를 하면 글자 읽는 것을 도와줄 수 있어.
3. 글자에 맞는 영역을 찾는다.
   - 어느 영역의 글자일까?
4. 해당하는 영역에 집게로 집는다.
5. 빨래집게 글자를 다 집으면 활동판 뒷면의 모양을 보고 정정한다.

놀잇감과 놀잇감의 그림자 대응하기

♠ **활동목표** : 유치원 교실에 있는 놀잇감에 관심을 가진다.

♠ **활동자료** : 교실영역 그림, 4절 도화지, 자석, 교실에 있는 자료 그림 자석, 클립, 상자

♠ **만드는 방법** :

〈교실영역판〉

1. 4절 도화지에 교실의 영역을 그리고 색칠한다.
2. 교구를 붙일 자리는 검정색 색종이를 교구모양으로 잘라 붙인다.
3. 영역판을 코팅한 후 교구그림자 위에 자석을 붙인다.

〈여러 가지 교구그림〉

1. 영역판에 붙일 여러 가지 영역의 교구를 그려 색칠한다.
2. 교구 모양대로 자른 후 코팅한다.
3. 코팅한 교구그림에 클립을 끼운다.

〈상자 만들기〉

1. 하드보드 12×12cm 크기의 그림자료를 담을 상자를 만든다.
2. 한지로 싼다.
3. 무색시트지로 싼다.

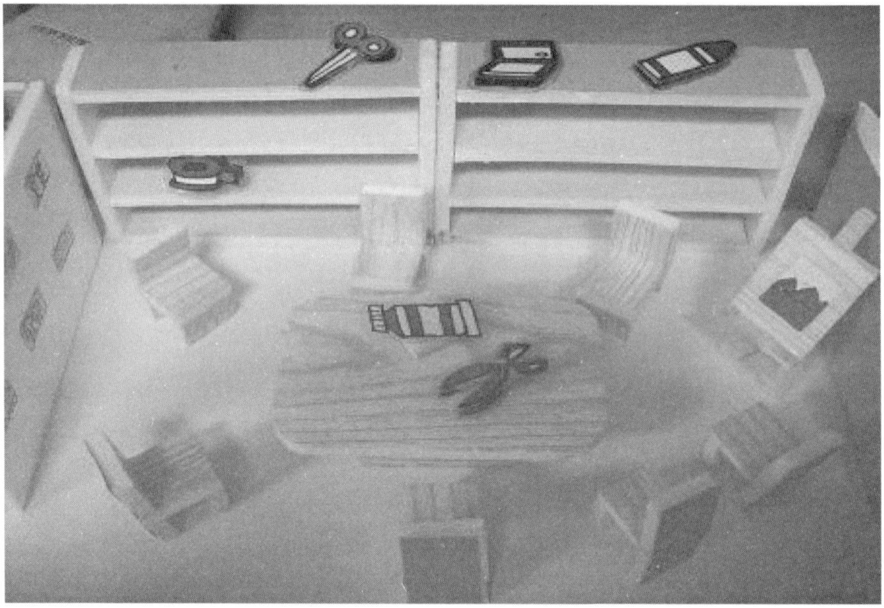

♠ 활동내용

1. 영역판과 클립을 끼운 그림자료를 책상 위에 펼친다.
   - (영역판을 보여 주며)어떤 그림인 것 같니?
   - 우리교실의 모습이란다. 어떤 영역들이 있는지 말해 볼까?
   - (클립을 끼운 그림자료를 보며)어떤 교구들이 있니?
2. 그림자료를 보며 어떤 교구인지 이야기를 나눈다.
   - (블럭의 그림카드를 가리키며) 어떤 교구인지 말해 볼 수 있겠니?
3. 영역판의 알맞은 그림자 위에 붙인다.
   - 블럭은 어떤 영역에 붙일까?
   - 블록의 그림자위에 붙여 보자.

약속을 잘 지켜요(수: 수세기)

♠ **활동목표** : 유치원 내에서 지켜야 하는 기본생활습관을 알 수 있다.

♠ **활동자료** : 게임판, 점수판 2, 별그림 40, 말 2, 주사위

♠ **만드는 방법**

〈게임판〉

1. 하드보드를 22×30cm로 2장 자른다.
2. 색상지에 바른 행동의 그림과 바람직하지 못한 행동의 그림과 글씨, 숫자를 붙여 코팅한다.
   (풀뚜껑 닫기－2, 장난감 뺏기－2, 자기물건 정리하기－1, 음식 흘리고 먹기－2, 교구 정리하기－4, 떼쓰기－3, 인사하기－1, 폐품 이용하기－3, 휴지 낭비하기－1, 물 낭비하기－1, 친구 도와주기－3, 화분에 물주기－1)
3. 하드보드 뒷면을 씨트지로 싼다.
4. 코팅한 판을 하드보드에 붙인다.

〈점수판〉

1. 하드보드를 15×25cm로 2장 자르고 뒷면은 씨트지로 싼다.
2. 색상지를 코팅하여 하드보드에 붙이고 보들이를 길게 3줄로 붙인다.
3. 별모양을 잘라 코팅하여 까칠이를 붙인다.

〈주사위〉

1. 하드보드를 5×5cm로 6장 잘라 정육면체를 만든다.
2. 색상지에 숫자를 붙여 코팅한 후 정육면체에 붙인다.
   (1, 2, 3, 4, 5, 꽝)
3. 모서리는 색 테이프로 붙여 마무리한다.

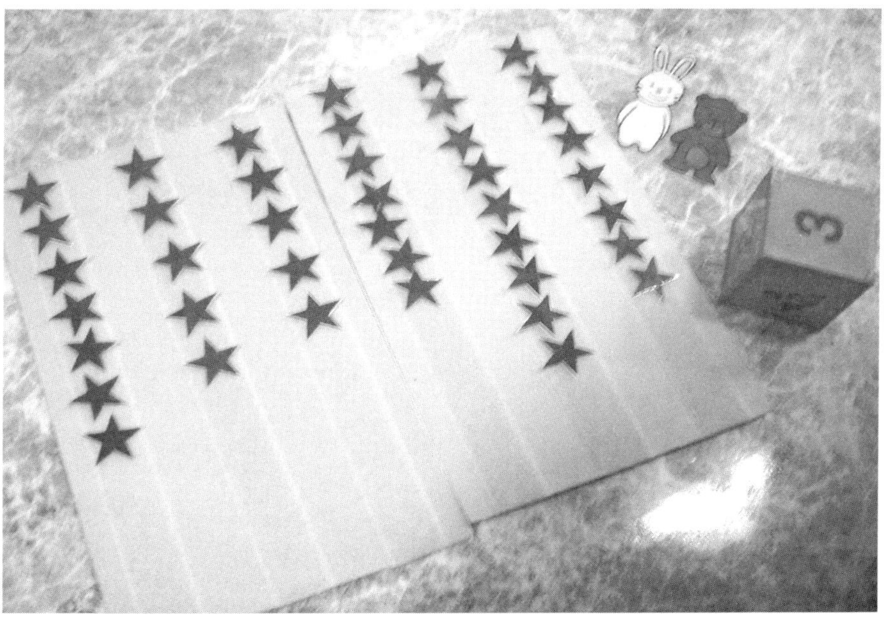

♠ 활동내용

1. 게임판과 점수판, 주사위를 보고 어떤 게임을 할 수 있을지 이야기해 본다.
   - 게임판에 어떤 그림들이 있니?(그림들에 대해 이야기한다.)
   - 그렇구나, 그럼 길을 가다가 바른 행동들이 있을 때는 어떻게 하기로 할까?
   - 나쁜 행동들이 있을 때는 어떻게 하기로 할까?(바른 행동일 경우에는 주사위에 쓰인 숫자만큼 별을 가져오고 말이 도착한 곳의 그림이 바람직하지 못한 행동인 경우에는 숫자만큼 별을 판에서 뗀다.)

2. 점수판을 나눠 갖고, 별 10개를 붙인다.
3. 순서를 정한다.
4. 주사위를 던져 나온 수만큼 말을 앞으로 움직인다.
   만약에 꽝이 나오면 말을 움직일 수 없다.
5. 말이 도착한 곳의 그림이 바른 행동일 경우에는
   ( )에 쓰인 숫자만큼 별을 가져와 자기 점수판에 붙인다.
6. 말이 도착한 곳의 그림이 바람직하지 못한 행동인 경우에는
   ( )에 쓰인 숫자만큼 별을 판에서 뗀다.
7. 말이 도착하면 누가 별을 많이 모았는지 세어 본다.

주제 2.

우리 동네

주간교육계획안

생활 주제		우리 동네		추정 기간	6월 셋째주	
활동 목표		1. 우리 동네에 우리의 생활을 도와 주기 위해 어떠한 기관들이 있는지 알아본다. 2. 우리를 위해 수고 하시는 분들이 어떤 일을 하는지 알게 하고, 그것에 대해 고마움을 갖게 한다.				
활동 형태 / 요일		월	화	수	목	금
자유선택활동		지역 사회에 관련된 자료 제시 동네 꾸미기 (블럭 영역) 바느질하기 우리를 돕는 지역사회에 관한 도서 제시	방송국에 대한 자료제시 퍼즐 : 이웃과 직업 서로 돕는 이웃 노래 그림 그리기 (우리 동네) 도서 : 우리를 돕는 기관 텔레비전 꾸미기	소방서에 관련된 자료 제시 불조심에 대한 사진 그림 직업 카드 모음 (게임) 이젤 그림 그리기	어린이 신문 준비 보도기관에 관계되는 사진, 그림 제시 유리컵 연주 게시판에 새 소식 전시	우체국에 관련된 사진, 그림 편지의 배달 과정 (그림 카드) 우표 전시 우편에 관련된 책 우표 만들기, 집배원 가방 만들기 돈 만들기
대·소 집단활동	실외 놀이	비눗방울 무지개	높이 뛰어 넘기		뛰어오르기	풍선채 치기
	이야기 나누기	우리를 돕는 이웃	방송국	소방서에 대하여	새소식	편지가 오기까지
	작업	편지 보내기	TV 만들기	불자동차 만들기 소방서 아저씨 모자 그림그리기(불이 났어요)		
	음악	우리집(노래) / 서로 돕는 이웃(노래)	여기는 방송국(노래)	불조심(노래)	노래모음 부르기	우편마차(음악감상) / 편지(노래)
	율동 및 표현하기	여러 가지 직업별 일하는 모습 표현하기	소리 알아 맞추기	불이 났어요 (자유표현)	눈감고 춤추다 멈추기	장님 인도하기
	게임	물건 배달하기	우리 아이를 찾아주세요		신문 배달하기	벌집을 찾아주세요
	동화	난쟁이 직업 / 마을 사람들을 구한 어린이	늘 살피는 사람	꼬마 불자동차		우리를 도와 주시는 분(집배원) / 물에 빠진 집배원
	동시				편지는 요정	
	역할놀이			소방관 놀이		집배원 놀이

일일교육계획안 1

활동주제	119 구급 대원	대상연령	만 5세
활동목표	1. 119 구급대원이 하는 일을 알고 그 분들께 고마운 마음을 가질 수 있다. 2. 안전교육을 통해 불의 위험성을 알고 조심할 수 있다.		
활동자료 및 준비물	그림판 및 실물 자료		
활동전개과정	교사	유아	비고
등원 및 자유 선택 활동 (9:00~10:30)	안녕하십니까~	안녕하십니까~ 출석카드에 체크하고 가방을 정리	출석카드 도장
	〈자유선택활동〉 *수영역 기관에서 일하는 사람과 물건 관계짓기 *언어영역 과일 글자카드를 순서대로 놓으며 이야기하기 *일상영역 지퍼 여 닫기 교구 *조작영역 나무토막 쌓기, 집지어 보기 *과학영역 계산기 사용하기 *미술영역 내가 살고 싶은 동네에 대해 그려보기		각 영역에 교구
정리정돈 (10:30~10:40)	정리 시간임을 알림	자기가 사용한 교구 정리 담화자리로 모이기	
이야기 나누기 (10:40~11:00)	안녕 안녕 선생님~ 안녕 안녕 친구들~ 오늘 다시 만나 반갑습니다. 안녕 안녕 안녕~ 예쁜 손 무릎에 오늘 날씨가 많이 춥죠? 하지만 웅크리지 말고 어깨를 쫙 한번 펴 보세요.	(함께 노레를 부른다.) 짝짝 무릎에 네~ 이야~	그림자료 사진자료

이야기 나누기 (10:40~11:00)	오늘 하루도 활기차게 시작해요!!	네!!	
	어제 우리 무엇에 대해서 배웠는지 기억나는 친구 있나요?	불이 났을 때 119에 전화를 해야 한다고 했어요.	
	그래요, 위험에 처해 있거나 주위에 불이 났을 때 119에 신고할 수 있다고 했지요?	네.	
	그럼 전화해서 어떤 말을 해야 한다고 했는지 기억나요?	주위에 무슨 일이 일어 났는지요.	
	그래요. 우리 친구들이 잘 알고 있네요. 그렇게 119에 신고를 하면 누가 도와 주시나요?	소방관 아저씨가 와요~	
	그럼 우리를 도와 주시는 소방관아저씨는 어떤 일들을 하시는지 알아볼까요?	궁금해요~~	
	만약 불이 났다면 우린 119에 신고해요. 그럼 소방관 아저씨가 우릴 도와 주기 위해 빨리 옷을 입으면서 소방차로 뛰어가세요. 이때 소방관 아저씨들이 입으시는 옷은 우리가 지금 입는 옷들과 비슷한 것일까요?	아니요~ 다른 거 같아요.	
	그래요. 달라요. (그림 자료를 제시하며) 이렇게 생긴 소방복을 입으시고 우리를 도와 주러 오셔요. 왜냐하면 이 옷은 일반 옷과는 틀리게 불에 잘 타지 않는 재료로 만든 옷이거든요.	이야~	
	그래서 이 옷을 입고 소방관 아		

이야기 나누기 (10:40~11:00)	저씨 들이 불 속에 들어가시거나 가까이 가도 위험하지가 않답니다. 또한 소방관 아저씨들이 불이 난 곳에 오실 때 어떤 도구들을 가지고 오실까요? 산소통을 가지고 오신데요. 그리고 왜 불이 났는지. 어떻게 해결하면 좋을지 곰곰이 생각을 하고 도와 주러 오신다고 해요. 그런 다음 불이 난 곳에 도착을 하면 여러 명의 소방관 아저씨들이 각자의 맡은 일을 한데요. 어떤 아저씨는 불을 끄는 일만 하시는데, 소방차에 있는 긴 호스를 꺼내어 불이 난 곳을 향해 호스를 통해 물을 뿌리며 불을 끄는 역할을 하셔요. 다른 분들은 사람을 구하는 일을 하시는데. 그것을 인명구조 활동이라고 해요. 아까 얘기했던 산소통을 착용하시고는 불 길 속으로 들어 가셔서 빠져나오지 못한 사람들을 구해오시는 일을 하세요. 사실 이일은 정말 위험한 일이겠죠? 왜냐하면 불이 점점 더 크게 번지거나 하면 소방관 아저씨의 생명이 위험해 질 수 있지요. 이렇게 위험을 무릅 쓰고 사람	불 끄는 것과 약이요. 그렇구나. 네~ 다칠 수도 있어요.	

이야기 나누기 (10:40~11:00)	을 구해 나오면 빠져나오게 된 사람은 구급차를 이용해서 병원으로 옮기지요. 우리 친구들은 구급차 본 적 있나요?	네~ 지난 번에 할머니 집 갈 때 봤어요.	
	그래요 구급차는 하얀색이예요. 그리고 위급한 환자가 탔다는 것을 알리기 위해 사이렌이 있어 다른 사람들에게 양보해 줄 것을 알리지요. 빨리 병원으로 환자를 데려다 주는게 중요하잖아요.	네.	
	이렇게 소방관 아저씨는 불을 끄는 일도 하시고, 다친 사람들을 병원으로 데려다 주는 일을 하신답니다. 그럼 소방관 아저씨가 하시는 일에는 또 어떤 일이 있을까요?	다치면 와서 도와주고 병원도 같이 가요.	
	그래요. 물에 빠진 사람도 구해 주셔요. (사진을 제시하며) 여기 소방관 아저씨들이 하시는 일을 알아보도록 해요. (여러 장의 사진을 보여주며 소방관들의 역할에 대해 이야기 나눈다.)		
	친구들 소화기는 언제 사용하는지 알고 있나요?	불이 났을때요~	
	우리들을 위해 이렇게 애써 주시는 소방관 아저씨를 위해 우	장난 전화하면 안되요.	

	리는 어떻게 할 수 있을까요? 맞아요. 그리고 사고가 났을 때 소방관 아저씨의 말을 잘 따라 안전할 수 있다는 것도 알 수 있어요. 하지만 무엇보다 중요한건 불이 나지 않게 하는 것이겠죠? 우리 반 친구들은 모두 잘 할꺼라 믿어요.	지나가실 때 빨리 비켜 주어야 해요. 네. 네!!	
미술활동 (11:00~11:20)	이번 시간에는 소방대원 아저씨의 인상 깊은 모습을 그리는 활동을 할 꺼예요. 선생님이 종이를 나누어 줄께요. 친구들이 생각하는 멋진 소방대원 아저씨의 모습을 그려 보도록 해요. 잘 그린 친구는 선생님이 벽에 다 붙여 줄 꺼예요.	 이야~ 재미있겠다. 나는 불 끄는 소방대원의 모습을 그려야지~ (활동을 다한 친구는 정리한다.)	스케치북, 크레파스
특별활동-안전교육 (11:20~12:00)	담화 자리에 앉아 주세요. 오늘 우리 유치원에 특별한 분이 오셨어요, 누가 오셨을까? 안전교육을 하기 위해 소방관 아저씨가 오셨어요. 소방관 아저씨의 말씀에 귀를 기울여 보세요. (소방관 아저씨 등장) 예쁜 손 무릎에~~	 누굴까? 이야~~~ 짝 짝 무릎에	소방관 아저씨 초청

	(소방관 아저씨를 통해 안전 교육을 받는다.) 소방관 아저씨 말씀 잘 들었나요? 감사하다고 박수쳐 줍시다.!!! 감사합니다~~	(열심히 이야기듣기) 네~~ 짝짝짝 감사합니다.	
점심시간 (12:00~13:00)	배식을 받고 기도 후 식사 식사 후 양치질 식사 후에 바깥놀이 활동		
음률활동 (13:00~13:30)	음악실로 이동해 주제요. 우리 오늘 안전에 대해 알아보고 있지요. 선생님이랑 함께 배워 볼 노래 역시 안전에 대한 노래예요. 노래 제목이 무엇인가요? 노래 가사도 크게 한번 읽어 볼까요? 이제 피아노 반주를 들어볼까요? 한 소절씩 불러 보기로 해요. 전 곡들 다 불러 보기로 해요. 노래 기억할 수 있겠나요? 다음 시간에는 이 노래에 알맞은 율동을 배워 보도록 해요. 교실로 이동하도록 하세요.	 네~ 불자동차요. (가사판을 보고 읽는다.) 네~ (교사의 지시에 맞추어 노래를 부른다.) 네. 네.	가사판
동화 (13:30~13:50)	담화 자리에 앉아주세요. 즐거운 동화시간이 되겠습니다.	 이야~	그림동화 자료 "꼬마 불자동차"

	(동화자료 제시) 오늘의 동화자료의 제목은 무엇인가요? 자 그럼 동화 나라속으로 들어가 볼까요? (동화 구연) 재미있었나요? 꼬마 불자동차의 꿈은 무엇이였나요? 결국 어떤 일을 해냈나요? 정말 우리 친구들이 동화를 잘 들어 주었군요. 선생님 이제 집에 갈 준비를 하세요.	 "꼬마 불자동차" 이얍!! 네~ 불을 끄는거요. 불을 끄는 일을 했어요 네~ 감사합니다~ 네.	
평가 및 마무리 (13:50~14:00)	오늘하루의 활동들에 대해 이야기 나눈다. 내일의 계획에 대해 알려 준다. 자기 물건을 잘 챙긴다.		
귀가 (14:00 ~)	인사나누기 안녕히 가십시오~	안녕히 계십시오.	
평가	1. 119 구급대원이 하는 일을 알고 그 분들께 고마운 마음을 가질 수 있는가? 2. 안전교육을 통해 불의 위험성을 알고 조심할 수 있는가?		

일일교육계획안 2

활동주제	몸이 아프면 병원에 가요.	대상연령	만 5세
활동목표	1. 병원의 종류와 기능을 알 수 있다. 2. 병원놀이의 즐거운 경험을 가질 수 있다.		
활동자료 및 준비물	게임 활동 및 조작 활동 자료 , 그림 자료		
활동전개과정	교사	유아	비고
등원 및 자유선택 활동 (9:00~10:00)	교사와 유아는 인사를 나눈다. 유아는 출석카드를 꺼내어 도장을 찍고 가방과 함께 사물함에 정리한다. 자유선택 활동을 한다.		출석카드
	〈자유선택 활동〉 * 언어영역 철판 도형 * 감각영역 꼭지 원기둥 * 일상영역 옷 틀 작업 * 수영역 수 막대와 수 카드		각 영역 교구
정리정돈 (10:00~10:10)	교사가 종을 치면 유아는 하던 일을 멈추고 정리 한다음 교실 중앙 선상에 모인다.		
이야기 나누기 및 역할놀이활동 (10:10~10:50)	〈이야기 나누기〉 펭귄 가족이라는 손유희 날짜 소개 오늘 날씨가 어때요? 정말 춥죠? 이런 때에 감기 나 여러 가지 질병에 걸리기 쉽답니다. 그러니까 바깥놀이하거나 유치원에서 돌아가면 집에 들어가서 손을 꼭 씻도록 하세요. 그리고 두꺼운 외투 걸치고 나가는 것도 잊지 말구요.	너무 추워요~ 네 네	그림자료 실물 의료도구

이야기 나누기 및 역할놀이활동 (10:10~10:50)	오늘은 우리 친구들이랑 친구들이 조금은 무서워하는 곳에 대해 알아 볼꺼예요~ 어디일까? 그 곳은 병원이예요. 우리친구들은 언제 병원에 가나요? 그렇죠~ 그런데 눈이나 귀가 아플 때도 감기걸렸을 때 가는 병원에 가나요? 아니지요. 아픈 곳에 따라 다른 병원들에 가지요? 오늘은 이런 병원의 종류와 하는 일들에 대해 배울 꺼예요. 선생님이 여기 몇 가지의 그림을 준비 했어요. (그림자료 제시) 여기 이 친구는 어디가 아파 보이나요? 그래요. 그래서 선생님이 이 친구의 치아를 치료하고 있어요. 이 친구가 간 병원은 어디일까요? 그래요. 치과는 우리가 이가 아프거나 빼야 할 때 가는 곳이예요. 다음 그림 이 친구는 어디를 치료 받고있는 것 같나요? 여기는 어디일까요?	 경찰서요. 병원요 몸이 아플때요. 엄마가 가면요. 아기 낳으면요. 아니요 네 이가 아파보여요. 치과요. 눈이요. 안과요.	

이야기 나누기 및 역할놀이활동 (10:10~10:50)	그래요. 안과는 눈과 관련된 치료를 하는 곳이예요. 눈이 나빠서 안경을 써야 하는지 눈이 병이 생기지는 않았는지 알아보고 치료하는 거예요. (위의 방법으로 소아과, 이비인후과 등에 대해 설명한다.) 그리고 선생님이 우리 친구들이 놀랄 만한 것을 준비했어요. 짠! (의료 용구를 제시) 이건 무엇인가요? 청진기는 어느 때에 사용하나요? 그럼 주사기는요? 붕대는 어떻게 사용하나요? 약도 있어요. (시범을 보이며 설명) 자 이제 이렇게 병원에서 사용하는 물건도 있고 사용법도 알아보았으니 병원놀이를 해 볼꺼예요.	청진기요. 진찰할 때 사용해요. 엉덩이에 주사할 때요. 다친 곳을 감싸요. 이야~	
	〈역할놀이활동〉 병원 놀이에 필요한 역할에는 어떤 것 들이 있나요? 역할은 어떻게 정하면 좋을 까요? 그래요. 그럼 그렇게 역할을 정하여 보세요. 정했나요? 그럼 이제 각자의 역할에 맞게	의사하고 간호사요. 약사도 필요해요. 손님도요. 가위 바위 보로요. 네~ (역할을 정한다.) 네~	

	어떤 말이나 행동을 해야 할지 생각해 볼까요? (각 역할에 대해 이야기를 나누고 놀이를 설명한다.) 자 그럼 병원놀이를 해 볼까요? (병원놀이를 다 한후 놀이 활동에 대해 회상하면서 이야기 나눈다.) 병원 놀이 재미있었나요? 어떤 점이 재미있었나요? 이렇게 병원들에 대해서도 알아보고 병원놀이도 해 보았어요. 내일은 우리 동네에 있는 소방서에 대해 알아보기로 해요.	환자는 아파야 해요. 의사는 진찰을 해요. (역할 놀이 활동) 네~ 환자가 정말 아프게 연기했어요~ 네.	
게임 (10:50~11:20)	예쁜 손 무릎에 오늘은 짝이 될 수 있는 것들에 대한 게임을 해 보도록 해요. (준비한 카드와 게임판을 보여준다.) 어떤 그림이 있나요? 여기에 과일, 모자, 장난감이 있어요. 그럼 이것 들 중 짝이 될 수 있는 것들만 모아볼까요? 누가 해 볼까요? 어~왜 그렇게 짝이 되었나요? 그럼 이것은 어느 가게에서 살 수 있나요? 이제 다른 친구들도 같이 해볼	짝짝 무릎에 장난감이랑 모자요. 저요~~ (같은 것끼리 짝 지어 본다.) 장난감 가게요~	게임카드 게임판

	까요? (그림 카드 모두를 책상에 엎어 놓고 카드를 뒤집어 짝이 되는 것을 찾으면 가게와 관련된 그림을 찾으면 해당하는 곳에 붙인다. 짝이 되지 않는 카드라면 다시 뒤집어 놓는다.) 우리 친구들 정말 잘 해 주었어요. 재미있는 게임 시간이였답니다.	네~ 또 하고 싶어요	
미술활동 (11:20~12:00)	멋진 자세로 앉아 볼까요? 우리 친구들이 사는 동네에는 어떤 병원 들이 있나요? 이번 시간에는 우리 동네에 있는 병원들을 그려 보기를 해요. 선생님은 치과를 그려 볼꺼예요. 친구들은 어떤 병원을 그릴 껀가요? 자 여기 도화지를 나누어 줄테니 크레파스를 사용해서 그려 보도록 하세요. 다 그렸나요? 자기 그린 그림을 소개해 볼까요? 모두 잘 해 주었어요!!	네~ 내과, 소아과, 치과요. 치과요~ (활동을 한다.) 네. (자기가 그린 그림을 발표해 본다.)	도화지, 크레파스
점심식사 (12:00~13:00)	주변을 정리하고 도시락을 차린다. 호명되는 분단별로 나와 배식을 받는다. 식사기도를 하고 식사를 한다. 직사를 마치면 주변을 정리하고 양치질을 한다. 다 마친 유아는 조용히 자유선택활동을 한다.		

	우리 친구들 우리 동네에는 어떤 기관들이 있나요?	아파트요, 병원이요. 우체국, 경찰서, 소방서요.	바늘, 바느질틀
	맞아요. 이번 시간에는 우리 동네에 있는 건물들의 모양을 바느질하기를 해 볼꺼예요. 우리친구들이 바느질해 보고 싶은 건물이 있나요?	병원이요. 우리 유치원이요. 우체국이요.	
조작활동 (13:00~13:40)	그래요, 우리 친구들 이젠 선생님이랑 같이 바느질해 보도록 해요. 선생님은 우리 유치원을 바느질해 볼꺼예요. (교사가 시범을 보인다.)		
	그럼 이제 선생님이 우리 친구들에게 건물 모양을 종이를 나누어 줄께요.	네~ (유아들이 바느질을 한다.)	
	다 완성했나요? 우리 친구들이 한 모양은 어떤 모양인가요? 자기가 만든 모양을 발표해 볼까요?	네~ 아파트요, 병원이요. (여러 명의 유아가 나와서 자기가 바느질한 것을 친구들에게 소개한다.)	
	우리 친구들 모두 잘 했네요. 그럼 이제 우리 다음 시간엔 우리고장의 기관 표시에 대해 배워 보기로 해요.	네~	

평가 및 마무리 (13:40~14:00)	하루 활동에 대해 평가한다. 내일의 활동에 대해 예고한다. 가방과 옷 등을 정리한다.		
귀가 (14:00 ~)	교사는 유아의 귀가시간을 맞추어 준비시켜 귀가시킨다.	유아는 교사와 인사를 나눈 후 귀가한다.	
평가	1. 병원의 종류와 기능을 알 수 있었는가? 2. 병원놀이의 즐거운 경험을 가질 수 있었는가?		

일일교육계획안 3

활동주제	우체국의 하는 일	대상연령	만 4세
활동목표	1. 우체국의 기능을 알 수 있다. 2. 편지가 전달되는 과정을 알 수 있다.		
활동자료 및 준비물	그림판 및 실물 자료		
활동전개과정	교사	유아	비고
등원 및 자유 선택 활동 (9:00~10:00)	안녕하십니까~	안녕하십니까~ 유아는 날짜판을 바꾸고 출석카드를 꺼내어 체크한 후 가방과 옷을 정리한다. 자유선택 활동을 한다.	출석카드 도장
	〈자유선택활동〉 * 언어 영역－철판 도형 * 수 영역－세강판 * 문화 영역－여러 가지 직업 * 일상 영역－핀 꽂기 * 쌓기 영역－종이 벽돌쌓기 * 과학 영역－달팽이의 생김새와 움직이는 모습 관찰		각 영역별 교구
정리정돈 및 화장실 가기 (10:00~10:10)	유아들은 교구를 정리하고 화장실을 다녀온 다음 노란 선에 둘러앉는다.		
이야기 나누기 (10:10~10:40)	안녕하십니까? 선생님의 옷 속에 아주 아주 소중한 무엇인가가 들어 있어요~ 무엇 일까요? 짠!! 바로 편지예요~ 선생님이 어제 받은 편지랍니다. 그런데 이 편지가 어떤 과정을 거쳐서 선생님에게 오게 되었을까요? 그럼 집배원 아저씨에게 편지를	안녕하십니까~ 아기요~ 돈이요~ 책이요~ 집배원 아저씨가 전해줘요. 우체통에 넣어서	그림자료

이야기 나누기 (10:10~10:40)	가져다 준 사람은 누구일까요?	요.	
	선생님도 궁금해서. 어제 어떻게 편지를 주고받는지 그 과정을 알아보았어요. 이제부터 그 과정을 알아보도록 해요.	잘 모르겠어요. 네.	
	(그림자료 제시) – 시범 먼저 편지를 쓴 사람은 편지의 내용이 담긴 종이를 구격봉투인 이런 하얀 봉투에 넣어야 해요. 그런 다음 이 위치에 우표를 붙여 주는 거예요. 그런데 만약 우표를 붙이지 않는다면 편지는 전해질까요?	 안가요. 집으로 돌아와요.	
	맞아요. 우표는 편지가 전달될 때 드는 돈을 내는 것과 같은 의미를 가져요. 우리가 다른 지방으로 갈때 도로비나 버스비를 내는 것 처럼요. 꼭 우표는 붙여야 편지가 전달될 수 있답니다. 알겠지요? 그럼 다음 주소는 받는 사람과 보내는 사람으로 나누어 적어 주고요.	 네.	
	그렇게 모두 완성된 편지는 어디에 넣어야 하나요? 여기 이 그림처럼 빨간 우체통에 넣어 주어야 해요.	우체통에 넣어요.	
	그럼 이 우체통에 담긴 편지는 집배원 아저씨가 수거를 해서 이 그림처럼 우체국으로 가져간답니다.		

이야기 나누기 (10:10~10:40)	이제 우체국에 옮겨진 이 편지들은 어떻게 할까요? 집배원 아저씨께서 가는 곳이 비슷한 편지들끼리 모으셔요. 그런 다음 각각의 편지가 주인을 찾아 떠나게 되는 거죠. 이때 그곳에 계시는 집배원 아저씨들이 편지를 가방에 담아서 각각 집으로 전해 주러 다니시는 거예요. 이렇게 우리에게 혹은 다른 사람에게 편지가 전해진 답니다. 그럼, 우체국에서는 편지를 전해 주는 일만 할까요? 그래요. 은행처럼 우체국에도 저금을 할 수가 있어요. 또한 세금을 받는 일도 한답니다. 또한 소포도 붙이는 일을 하지요. 또, 어떤 일들도 할까요? 편지를 붙일 때 필요한 우표를 판매하거나 그 우체국이 있는 도시에서 제일 유명한 음식을 판매하는 일도 한답니다. 이렇게 우체국에서 하는 일을 알아보았는데 어때요? 그렇죠? 내일은 우리 직접 우체국에 가서 견학해 보도록 해요~	집배원 아저씨가 가져요. 아 그렇구나! 아니요. 저금도 해요. 음. 모르겠어요. 정말 많았어요. 네. 네~	
역할 놀이 활동 (10:40~11:10)	지금까지 우체국에서 어떤 사람들이 어떤 일을 하는지 알아 보았		

	죠? 그럼 우리 우체국에서 일하는 사람들이 되어 재미있는 역할놀이를 해 보도록 해요.	네~ 네~	
	우체국 놀이를 하려면 어떤 사람들이 있어야 할까요?	집배원 아저씨요. 저금하는 사람이요. 우표파는 사람이요. 경비 아저씨요.	
	그럼 어떤 친구가 그 역할들을 할 껀지 정해 보도록 해요~	(각자의 역할을 정한다.)	
	그럼 이제 어떤 도구들이 필요할까요?	우체통, 통장, 편지, 우표, 소포	
	그래요. 그래서 선생님이 이렇게 준비해 두었어요.	이야~ 네~	
	이제 역할 놀이를 해 볼까요?	(역할놀이활동을 해본다.)	
	오늘 친구들이 각자 역할을 맡아 우체국 놀이를 해 보았는데 어땠나요?	재미있어요 집배원 아저씨가 되고 싶어요.	
	이렇게 우체국에서 일하시는 분들이 있어 우리가 우체국을 편하게 이용할 수 있어요. 우리 친구들이 우체국에서 일하시는 분들에게 고마운 마음을 가졌으면 좋겠어요.	네.	
정리 정돈 및 화장실 다녀오기 (11:10~11:20)	유아들은 주변을 정리하고 화장실을 다녀온 다음 노란 선에 둘러앉는다.		

동화 (11:20~11:50)	선생님이 재미있는 동화를 준비했어요, 짠~(그림 동화 제시) 제목이 무엇인가요? 여기에 집배원은 우체부 아저씨를 부르는 다른 말이예요. 자 그럼 동화나라로 ~ 들어가 볼까요? (동화구연) 친구들 잘 들어 보았나요? 동화의 어떤 내용이 기억에 남나요? 이 동화를 보면서 우리 친구들은 집배원 아저씨에 대해 어떤 마음을 가질 수 있나요? 그럼 우리 집배원 아저씨께 감사하는 마음으로 감사의 편지를 써 볼까요? 선생님이 언어 영역에다 편지지를 둘 테니까 나중에 집배원 아저씨께 편지 쓰도록 해요.	집배원과 바쁜 이웃들이요. 동화 나와라~ 뚝딱 네~ 편지가 전해 져야 할 곳이 너무 많았어요. 고마워요. 네~ 네.	그림 동화자료 "집배원과 이웃"
정리정돈 및 손 씻기 (11:50~12:00)	유아들은 편지 쓴 것을 정리하고 주변정리한다. 세면대에 서서 차례대로 손을 씻으며 식사할 준비를 한다.		
점심시간 (12:00~13:00)	식사당번인 유아가 책상을 행주로 닦고 정리하여 준다. 각자 가방에서 도시락 통 꺼내어 식탁을 차린다. 배식을 받고 기도 후 식사를 한다.		

	식사 후 양치질을 한다. 양치질을 하고 정리한 뒤 자유선택 활동을 한다.		
바깥 놀이 (13:00~13:30)	(놀이터로 나간다.) 오늘은 무엇을 해 볼까요? 선생님은 축구공을 준비해 보았는데, 우리 축구해 볼까요? 그럼 먼저 편을 나누어요. 누거 골키퍼가 될건가요? 정해 주세요. (두 편으로 나누어 축구게임을 한다.) 재미있었나요? 자 이제 교실로 들어가요. 그런데 입구에서 옷과 신발을 털고 들어가고 송을 깨끗이 씻도록 하세요.	 모래 놀이요. 축구요. 고무줄 놀이요. 사자 팀이랑 호랑이 팀이요. ○○ 이랑 ◇◇ 이요.	축구공
정리정돈 (13:30~13:40)	비누로 깨끗이 손을 씻는다. 머리를 빗고 옷 매무새를 가다듬는다.		
미술활동 (13:40~14:10)	바깥 놀이 시간에 재미있게 놀았나요? 우리 친구들은 커서 어떤 사람이 되고 싶나요? 와~친구들 모두 멋진 꿈을 가지고 있네요. 그럼 우리 친구들의 꿈을 그림으로 그리고 발표해 보면 어떨까요? 모두 각자 사물함에 있는 크레파스와 스케치북을 가지고 와서 그	 경찰이 되고 싶어요. 그리고 의사가 되고 싶어요. 네~ (그림을 그려 본다.)	스케치북, 크레파스

<table>
<tr><td></td><td>려 보기로 해요~

모두 다 그렸나요?
무엇을 그렸는지 발표해 볼까요?

우리친구들 모두 정말 멋지고 꼭 필요한 직업을 가지고 싶어하는군요.
오늘 그린 그림 꼭 간직해서 정말 그런 사람이 되도록 하세요.
알겠죠?</td><td>

미용사요, 간호사요.
의사 그렸어요.
환경 미화원이요.

네~</td><td></td></tr>
<tr><td>귀가지도 및 귀가
(14:10~14:30)</td><td>오늘 하루 어땠나요?

어떤 활동들이 기억나나요?

선생님도 오늘 하루 동안 우리 친구들과 지내면서 재미있고 행복했어요.
내일도 활기찬 모습으로 만나요~ 알겠죠?
그럼 가방을 정리해서 메고 줄 서주세요.

(교사와 유아는 인사를 하며 교사는 유아를 안아 준다.)
안녕히 가세요.</td><td>재미있었어요.

집배원 아저씨가 되는거요.
편지가 전해지는 과정이요.

네.

네.

안녕히 계십시오.</td><td></td></tr>
<tr><td>평가</td><td colspan="3">1. 우체국의 기능에 대하여 잘 이해하였는가?
2. 편지가 전달되는 과정을 이해하였는가?</td></tr>
</table>

부분수업계획안

활동주제	소방서	대상연령	7세
활동목표	1. 소방관 아저씨의 하는 일에 대해 알아본다. 2. 불자동차는 어떻게 생겼으며 어떤 소리를 내는지 알아본다. 3. 우리는 어떻게 불조심해야 하는지 알아본다.		
활동자료 및 준비물	불이 난 상황에 대한 그림자료		
활동 전개과정	교사	유아	비고
	이번 주는 우리 동네에 있는 기관들에 대해 알아보고 있어요. 어제는 경찰서에 대해서 알아보았었죠. 경찰관 아저씨들도 우리에게 어떤 고마운 일을 해 주지요? (경찰서에 있는 경찰관 아저씨들은 도둑도 잡아주고, 집도 찾아주며 우리에게 도움을 주는 많은 일들을 하고 있었어요.) 그럼 오늘은 우리가 무엇에 대해 알아보기로 했었죠?	소방서요~	
	네 맞았어요. 어제 우리가 오늘 소방에서 어떤 일을 하는지에 대해 알아보기로 했는데 우리 친구들은 어떤 것들을 알아 왔어요?	불을 꺼줘요~ 불에서 못 빠져 나오고 타들어 가는 사람들을 병원으로 데리고 가요. 119에 전화해요~	
	우리 친구들 많이 알아 왔네요. 우리 친구들 불이 왜 위험한지 선생님과 그림을 보며 알아볼까요?		
	무엇 때문에 불이 났을까요?	담배요~	
	네 맞았어요. 그냥 버린 성냥		(불이 난 그림을

	불이나 담뱃불 때문에 불이 날 수도 있어요. 네 맞았어요. 무엇 때문에 불이 났을까요? 네. 엄마가 아빠의 옷을 다릴 때 잠깐 한눈을 팔면 다리미의 뜨거운 열이 옷을 태워서 불이 날 수도 있어요. 여기 그림 속의 친구가 무엇을 하고 있는 것 같아요? 우리 친구들은 이 친구처럼 불장난을 하면 큰불을 낼 수도 있어요. 불장난은 위험한 거예요. 여기도 불이 났네요. 가스레인지에 음식물을 올려놓고 깜박 잊어버리면 불이 날 수도 있어요. 언제나 가스 불을 확인하고 중간 밸브를 꼭 잠궈야 해요. 그럼 우리친구들은 불이 나면 어떻게 해야 하는지에 대해서 알고 있나요? 어떻게 해야 하죠? 네, 우리 친구들은 불이 나면 어떻게 해야 하는지 잘 알고 있네요. 불이 나면 어떻게 해야 하는지 잘 알고 있네요.	 다리미요. 나무에 불을 붙였어요. 네~ 119에 전화해요.	제시한다.)

	불이 나면 제일 먼저 119에 신고 전화를 해야 해요. 우리 친구 중에 누가 한번 해 볼까요?		
	우리 친구 잘 했어요.		
	근데 전화하는 방법 말고도 방법이 또 있어요.	(유아의 집 주소를 말한다.)	
	이건 소화기에요. 불이 났을 때 불을 꺼 주는 물건 이예요.	그게 뭐예요?	
	그럼 우리 소화기 사용방법을 알아볼까요?	아! 그렇구나. 네 좋아요~	
	먼저 소화기 옆에 있는 이 핀을 안전핀이라고 해요. 이 안전핀을 뽑은 후 소화기 호수를 잡고 불이 있는 곳으로 향하고 손잡이를 누르면 하얀 분말 가루가 나와서 불씨를 꺼주는 거예요.	아~그렇구나.	(소화기 그림을 제시한다.)
	우리 친구들은 불이 나면 어디에 전화한다고 했었죠?	119에 전화해요.	
	맞아요. 우리 친구들 잘 알고 있네요. 그럼 우리친구들 전화기에는 글자가 들어가요? 숫자가 들어가요?	숫자요.	
	네. 맞았어요. 그럼 우리 친구들 숫자에 대한 노래를 불러 볼 거예요. 저번 시간에 배운 "숫자노래" 기억나죠? 그럼 우리 불러 보도록 해요.	네.	

	오늘은 숫자 이름을 사용하는 인디언 이야기를 들려 줄 거예요. 우리 친구들 잘 들어 보세요. 유나 인디언 마을에는 열 명의 인디언들이 살고 있었어요. 열 명의 인디언들에게는 우리 친구들 처럼 한글이름이 아니고, 숫자 이름을 사용한데요. 인디언 친구들은 어떤 이름을 사용하고 있는지 알아볼까요? 이 인디언 친구의 이름은 "일"이예요. 이 인디언 친구의 이름은 "이"이구요. 이 인디언 친구의 이름은 "삼"이예요. 이 인디언 친구의 이름은 "사"이구요. 이 인디언 친구의 이름은 "오"예요. 우리 친구들 그 다음 인디언 친구의 이름은 무엇일까요? 네. 맞았어요. "육"이예요. 그 다음 인디언 친구의 이름은 "칠"이예요. 그 다음 인디언 친구의 이름은? 네. 맞았어요. "팔"이예요. 음. 우리 친구들의 그 다음	네!! 네~ '육'이요. '팔'이요.	

	인디언 친구의 이름은 무엇일까요?	'구'요~	
	선생님은 이 인디언 친구의 이름이 너무 헷갈려요. 우리 친구들은 알고 있나요?	네.	
	우와. 맞았어요. "구"예요.		
	이 인디언 친구는 "육"이라는 이름을 가진 인디언 친구랑 이름 모양이 비슷하게 생겼어요. 그죠?	네~	
	우리 친구들 이 인디언 친구들의 이름을 한번 더 불러 볼까요?		
	"일, 이, ~칠, 팔, 구" 잘 했어요. 우리 친구들 인디언 친구들의 이름을 잘 기억하고 있으세요.	일, 이, 삼, 사, 오, 육, 칠, 팔, 구	
	숫자이름을 가진 인디언 친구들이 하루는 소방서에 견학을 갔데요.		(교사는 반주에 맞추어 유아들이 노래 부르기에 잘 따라 할 수 있도록 지도한다.)
	띠띠 빵 빵~~ 버스를 타고 마을을 지나 소방서에 도착하였어요.		
	그런데 소방서에 오는 길에 인디언 친구들이 숫자 세는 방법을 잃어 버렸데요.		
	우리 친구들이 인디언 친구들에게 숫자세는 방법을 가르쳐 주면 어떨까요?	좋아요~	

	여기에 불이 났을 때 사용하는 물건들이 많이 있네요. 소화기도 있고, 소방관 아저씨들이 쓰는 모자도 있고, 불을 꺼주는 호수도 있고, 불자동차고 있고, 구급차도 있어요. 하나씩 있는 게 아니라 하나보다 더 많이 있어요. 우리친구들 앞에서 숫자를 세었듯이 우리 인디언 마을에 있는 소방서에 숫자세는 법을 인디언 친구들에게 가르쳐 주도록 해요. 불이 났을 대 불을 꺼 주는 소화기는 몇 개 일까요? 네. 맞았어요. 소화기는 몇 개예요. 그럼 우리 같이 세어 볼까요? 불이 났을 때.. 소방관 아저씨 머리를 보호하는 모자는 몇 개 일까요? 음. 이것은 무엇일까요? 네 맞았어요. 불이 났을때, 소방관 아저씨께서 이 호수를 들고 불을 꺼주죠? 그럼 이 호수는 몇 개 일까요? 네. 우리 친구들 수세기도 잘 하네요. 그럼 불이 난 장소로 이동할	네~ 두 개 예요. 세 개! 호수요. 네.	(그림을 보며 숫자를 한번 더 세어 볼 수 있도록 집어 준다.)

	때 소방관 아저씨들이 타고 가는 불자동차는 몇 대 일까요? 맞았어요. 불자동차는 몇 대 예요. 자동차는 한 개 두 개가 아니라 한 대 두 대로 세는 거예요. 그럼 우리 불자동차도 한번 더 세어 볼까요? 불이 난 곳에서 다친 환자를 병원으로 태워다 주는 구급차는 몇 대 일까요? 맞았어요. 구급차는 몇 대 예요. 그럼, 우리 친구들~ 숫자 세기 하기 전에 불렀던 노래를 한번 더 불러 보도록 해요. 내일은 소방서에 견학을 가기로 했었죠? 날씨가 추우니까 옷 따뜻하게 입고 오도록 하세요. 그럼 우리 이 시간을 마쳐요.	세대 입니다. 아~ 그렇구나! 네~ 세 대 입니다. 네~ 네.	
평가	1. 유아들이 활동에 즐겁게 참여하였는가? 2. 소방서(소방관)에 대한 역할에 대해 알게 되었는가?		

물건과 가게 짝짓기(조작)

♠ **활동목표** : 여러 가지 가게에 있는 물건에 관심을 가진다.
수의 기초개념에 관한 경험을 가진다.

♠ **활동자료** : 하드보드지 4장, 한지(하늘, 보라, 노랑, 분홍), 글자타이틀(신발가게, 야채가게, 꽃가게, 과일가게), 신발가게, 야채가게, 꽃가게, 과일가게에 파는 각 물건 4가지의 그림이나 사진자료, 코팅지, 찍찍이, 바구니 1개

♠ **만드는 방법**

〈활동판〉

1. 하드보드를 아래 그림과 같이 만든 후 한지를 씌운다
2. 밑판에 가게이름을 붙이고 꾸민다.
3. 무색시트지로 싼다.
4. 가게물건이 올 자리에 찍찍이(보들이)를 붙인다.

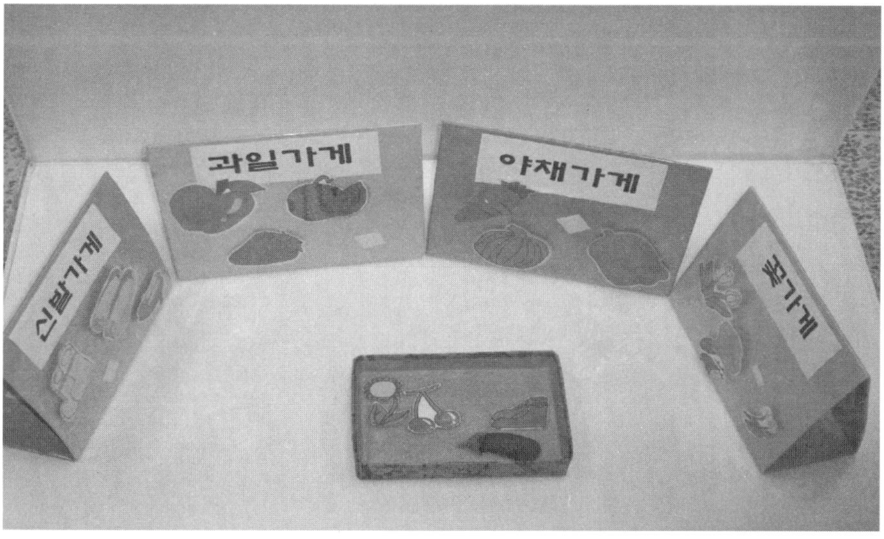

꽃가게
신발가게

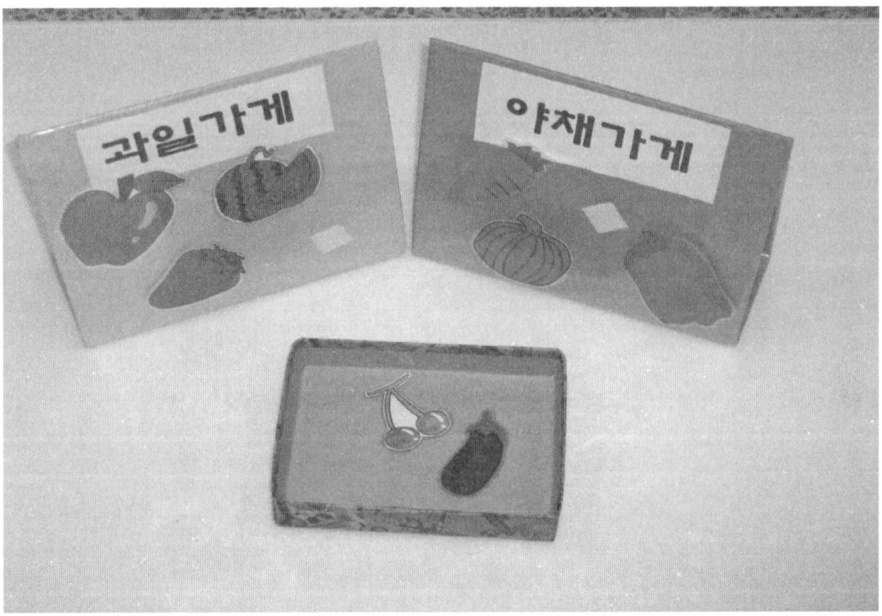
과일가게
야채가게

〈가게물건〉

1. 각 가게의 물건을 코팅한다
2. 찍찍이(까칠이)을 붙이고 바구니에 담는다.

♠ 활동내용 :

1. 가게 밑판과 작은 그릇에 담긴 조작그림을 큰 쟁반에 담아 유아와 함께 살펴본다.
   - 물건이나 과자를 사러 가게에 가본 적 있니?
   - 어떤 가게에 가 봤니?
   - 이 가게는 무슨 가게일까?
   - 어떤 물건을 팔까?
2. 유아들이 각각 가게에 맞는 물건의 조작그림을 찾아 밑판에 붙인다.
   - 오이는 어떤 가게에 붙여야 할까?
3. 놀이가 끝나면 정리한다.

여러 가지 공공기관의 그림과 글자 맞추기(언어)

♠ **활동목표** : 여러 가지 공공기관에 대해 관심을 가진다.
글자 맞추기를 통해 읽기, 쓰기의 기초능력을 기른다.

♠ **활동자료** : 우체국, 동사무소, 은행, 학교, 전화국, 시청을 찍은 사진자료, 무색코팅지, 접시 1개 우체국, 동사무소, 은행, 학교, 전화국, 시청의 이름, 마닐라지 6장, 색테이프(파랑, 빨강), 육각주사위(세면은 빨간색, 세면은 파랑색)

♠ **만드는 방법**

〈활동판〉

1. 마닐라지를 집 모양으로 자른다.
2. 사진자료를 마닐라지에 붙인 후 무색 코팅지를 입힌다(뒷면 사진과 같이).
3. 조각으로 자른다.
4. 사진자료 위에 삼각형 모양으로 각 기관의 이름을 마닐라지에 붙이고 무색 코팅지를 입힌 후 2조각으로 자른다.
5. 마무리 부분을 색테이프로 감싼다(우체국, 동사무소, 은행은 빨강색, 학교, 전화국, 시청은 파랑색). 다른 기관도 같은 방법으로 만든다.

〈주사위 만드는 방법〉

1. 우유곽을 육각주사위 모양으로 만든다.(시중에 파는 주사위를 이용해도 좋다. 또는 하드보드로 만든다)
2. 주사위 세면은 빨강색을, 세면은 파랑색 색지를 붙인 후 투명시트지로 싼다.

시 청
동사무소
학교
우체국

우체국

시청

학교
우체국

♠ **활동내용 :**

1. 우리 동네에는 무엇이 있는지 이야기 나눈다
   - 우리 동네에는 어떤 것이 있을까?
2. 게임판, 퍼즐조각, 주사위를 책상 위에 펼쳐 놓는다.
   - 어떤 활동을 할 수 있을까?
3. 게임판 3개씩 나누어 갖는다.
   퍼즐 조각은 가운데 접시에 모은다.
   자기 색을 정한다.(빨강, 파랑)
4. 순서를 정하고 주사위를 던져 자기색이 나오면 게임판에 퍼즐조각을 찾아서 붙인다.
   - 어떤 곳일까?
5. 3가지 게임판에 다 붙이면 이긴다.
   - 퍼즐의 그림은 어떤 것이니?

숫자 우체통 순서대로 놓기(수)

♠ **활동목표** : 우체통에 보낼 편지를 넣는다는 것을 안다.
수 1에서 5까지의 숫자를 순서대로 놓을 수 있다.

♠ **활동자료** : 빨강 색지 3장, 찍찍이, 하얀 도화지 2장, 찍찍이, 쟁반, 작은바구니, 코팅지 5장, 사인펜

♠ 만드는 방법

〈활동판〉

1. 빨강 색지에 우체통 모양으로 그린다. 5개를 만든다. 만든 5개의 우체통을 색칠한다.
2. 각 우체통에 1에서 5까지의 숫자를 쓰고 수에 맞게 보들이를 붙인다.

〈편지 만드는 법〉

1. 도화지에 우체통에 넣을 편지 15개를 만들어 코팅한다.
2. 각 편지에는 까칠이를 붙인다.

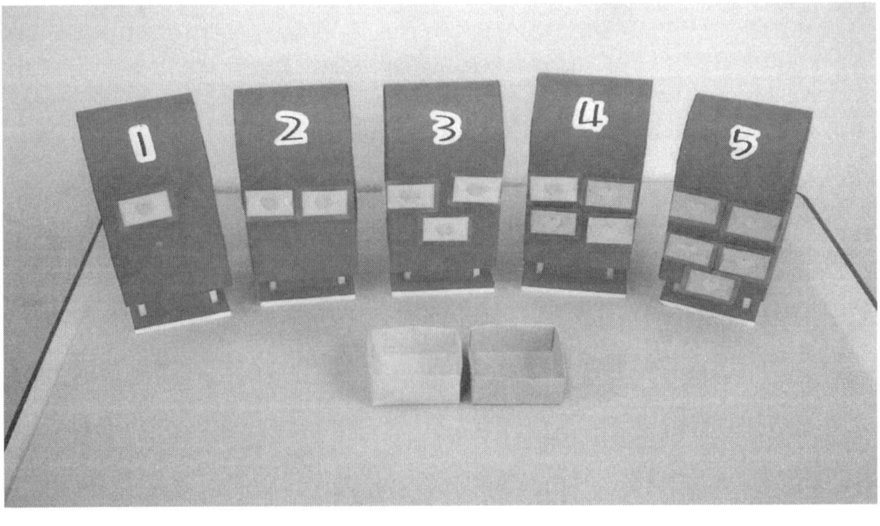

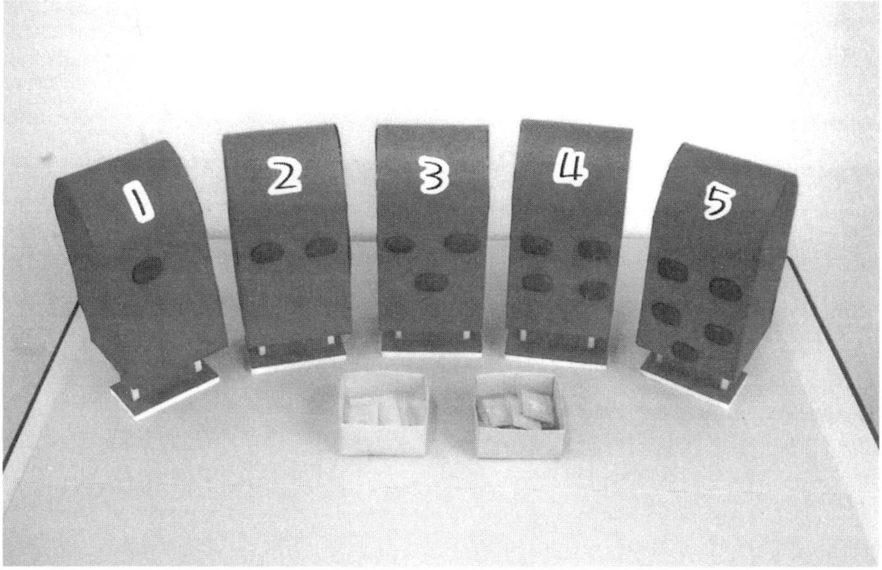
1
2
3
4
5

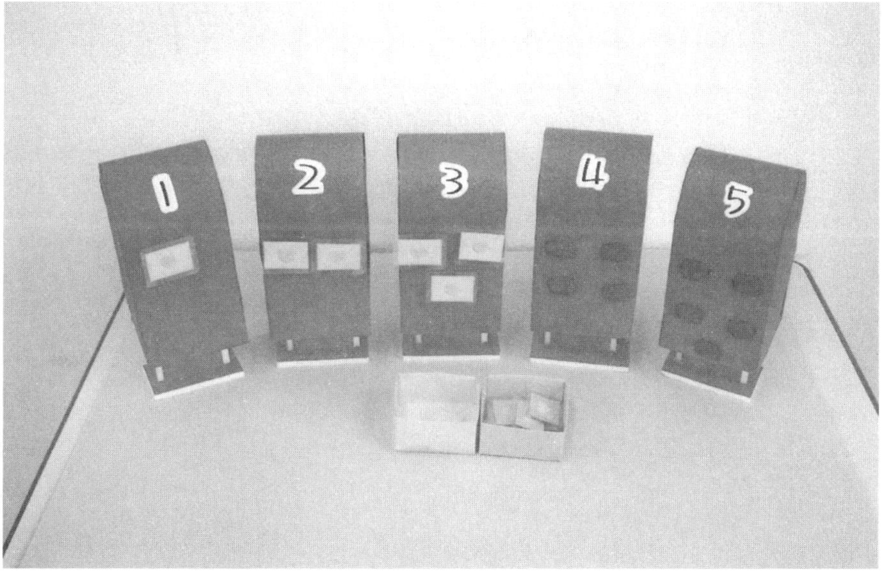
1
2
3
4
5

♠ **활동내용**

1. 나는 빨간색이예요. 편지를 먹어요.
   - 나는 무엇일까요?
2. 1에서 5까지의 우체통에 편지를 붙인다.
   - 우체통의 숫자는 얼마이니?
   - 우체통의 숫자만큼 편지를 붙여 볼 수 있겠니?
3. 작은 수의 우체통에서부터 큰 수의 우체통 순으로 차례대로 놓아 본다.
   - 작은 수부터 우체통을 놓아 볼 수 있겠니?
4. 큰 수의 우체통에서부터 작은 수의 우체통 순으로 놓아 본다.

주제 3.

기계와 도구

주간교육계획안

활동주제	기계와 도구		추정기간	11월 둘째주	
활동목표	유아가 생활에서 접할 수 있는 기계와 도구의 용도와 안전하고 바르게 사용하는 방법을 이해한다.				
활동형태/요일	월	화	수	목	금
자유선택활동	언어: 나는 무엇일까요 도서: 기계,도구자료 수: 물건사기 게임 조작: 콩 옮기기(숟가락) 음률: 도구, 기계음 듣고 연주 미술: 도구, 기계 그리기 과학: 녹음기	언어: 어휘카드(도구기계) 과학: 기계분리, 조립하기 (집게, 젓가락) 미술: 시계 그리기 요리: 주스 만들기(믹서) 소꿉: 여러 가지 소품들	언어: 팽이글자 수: 수 만큼 넣어보기 음률: 부딪쳐서 소리 나는 것 미술: 콜라주	언어: 모래글씨쓰기 수: 여러도구 짝맞추기 조작: 바느질해요 음률: 만든악기 연주 미술: 폐품악기 만들기 블록: 집짓기	블록: 자석 자동차 놀이 과학: 물속의 클립 옮기기 미술: 자석 붙는 것으로 모빌 만들기 수: 누가 가장 길게 만들까 요리: 빈대떡 만들기
대·소집단활동 이야기 나누기	기계의 종류 및 하는 일 도구의 역할	우리 일상생활에 쓰이는 기계와 도구의 편리한 점	가정에 쓰이는 도구 종류 내가 사용해 본 도구	기계가 많이 사용되는 곳 내가 알고있는 기계이름	자석에 붙는 것과 붙지 않는 것. 자석은 크기에 따라 힘이 달라요. 자석의 양극 실험
대·소집단활동 미술작업	종이접시 시계	철사로 모양 만들기	마이크 만들기	기계와 도구 만들기	냉장고용 메모지 고정자석 만들기
대·소집단활동 노래	새노래: 시 계			새노래: 목수	뚝딱뚝딱
대·소집단활동 동작활동		막대체조	망치질하는 모습		게임: 자석낚시
대·소집단활동 동화·동시	동화: 임금님의 시계	동시: 전화기	동화: 동물회사		동화: 자동차를 만들었어요.
대·소집단활동 동극				목공소 놀이	
자료 및 준비물	기계와 도구에 관한 그림 자료	우리생활에 쓰이는 기계와 도구	가정에서 쓰이는 기계와 도구	목공소 도구	

일일활동계획안 1

<table>
<tr><th colspan="2">활동주제</th><td>가정에서 쓰이는 도구와 기계</td><th>대상연령</th><td>7세</td></tr>
<tr><th colspan="2">활동목표</th><td colspan="3">1. 가정에서 쓰이는 도구의 종류와 기계를 안다.
2. 기계와 도구의 안전하고 바른 사용법을 안다.
3. 옛날에 쓰던 도구와 편리한 기계를 비교할 줄 안다.</td></tr>
<tr><th colspan="2">활동전개과정</th><th>교사</th><th>유아</th><th>비고</th></tr>
<tr><th colspan="2">등원 및 활동계획
(9:00~9:15)</th><td>등원하는 유아를 반갑게 인사하며 건강상태를 살펴본다.
각 영역의 소개와 새로운 놀이 계획 자료들을 소개한다.</td><td>교사와 아동 서로 인사나누기
활동을 함께 계획한다.</td><td>출석이름표판
영역소개판
선택활동판
이름표</td></tr>
<tr><th rowspan="3">자유선택 활동
(9:15~10:15)</th><th>언어 영역</th><td>〈팽이글자〉
팽이를 돌려서 손으로 잡은 곳의 글자를 읽기
잡은 글자와 같은 낱말카드를 찾아서 적어 보기
〈기계와 이름 짝 짓기〉
기계들이 그려진 그림판에 알맞은 기계의 이름을 찾아놓기, 이름을 장기알에 써 붙인다.</td><td>순서를 정해서 놀이하며 재미있어 한다.
도구의 이름과 모양을 안다.
그림판에 해당되는 이름을 가져다 놓는다.</td><td>낱말카드,
도화지,
필기 도구</td></tr>
<tr><th>수영역</th><td>〈수만큼 넣어보기〉
숫자가 적힌 그릇과 구체물을 준비해 둔다.</td><td>숫자가 적힌 만큼 구체물(못,단추 등)을 넣어 본다.</td><td>숫자가 적힌 그릇, 구체물, 바둑알, 못, 단추, 소독저</td></tr>
<tr><th>조작 영역</th><td>〈기계의 각 부분 퍼즐맞추기〉
카달로그에 크고 선명하게 그려져 있는 기계사진을 비치해 준다.</td><td>기계 사진을 오려 딱딱한 종이에 붙인 뒤에 각 부분을 경계로 하여 자른다.
자른 조각을 맞추어 본다.</td><td>기계사진의 카탈로그</td></tr>
</table>

<table>
<tr><td rowspan="4">자유선택 활동
(9:15~ 10:15)</td><td rowspan="2">과학 영역</td><td>〈기계 분리, 조립하기〉
망가진 장난감, 시계와 도구를 준비해 둔다.</td><td>여러 가지 도구를 사용해서 망가진 장난감을 스스로 분리, 조립해 본다.</td><td>망가진 장남감, 시계, 여러 가지 도구</td></tr>
<tr><td>〈전기의 힘으로 작동되는 기계〉
건전지를 사용하는 기계: 손전등, 면도기, TV리모콘, 확성기
콘센트에 플러그를 꽂아 사용하는 기계: 청소기, 다리미, 믹서기, 전기 냄비 등</td><td>① 두 종류의 기계를 작동시켜 보며 건전지를 넣는 위치, 플러그를 콘센트에 꽂는 방법을 알아본다.
② 플러그, 코드(줄), 콘센트에 꽂는 방법을 관찰하여 본다.
③ 전기제품을 사용할 때 주의점에 대하여 이야기한다.</td><td></td></tr>
<tr><td>음률</td><td>〈부딪쳐서 소리나는 것〉
집에서 사용하는 도구를 준비해 둔다.</td><td>준비된 나무망치, 못, 빨래판 등으로 긁거나 부딪쳐서 소리를 내어 본다.</td><td>소리나는 물건들(빨래판, 방망이, 공, 나무망치, 못)</td></tr>
<tr><td>미술</td><td>〈콜라주〉
가정에서 쓰이는 도구와 기계를 오려부치기</td><td>헌 잡지를 이용해서 그 속에 있는 기계, 도구의 종류와 그에 관한 그림을 오려 붙혀 본다.</td><td>헌 잡지, 도화지, 가위, 풀</td></tr>
</table>

	소꿉	〈청소해요〉 여러 가지 소품, 청소도구 준비 〈전자제품 가게놀이〉 폐품 기계들을 가정에서부터 수집하여 놓아준다. 가능한 크기가 작은 것으로 여러 개 비치해 놓는다. (어린이들이 플러그를 진짜 콘센트에 끼울 가능성이 있으니 플러그 부분에 테이프를 붙이거나 교실내의 콘센트를 막는다.)	준비된 청소도구로 영역을 정리정돈해 본다. 폐품을 가지고 소꿉놀이를 한다.	여러 가지 소품 청소도구
정리정돈 및 화장실 다녀오기 (10:15~10:30)		정리정돈하기 자유선택놀이 후의 결과를 확인하고 칭찬과 격려를 해 준다. 조용히 화장실을 다녀오게 한다.	카펫에 모여 앉는다. 어느 활동이 재미있었는지 이야기한다.	정리 음악테이프
이야기 나누기 (10:30~11:00)		각 상황별 그림을 보여주고 우리 집에서 쓰이는 도구들에 대해서 이야기 나눈다. 아빠와 강아지집을 만들려고 해요. 무엇이 필요할까요? 그래요. 판자조각과 여러 도구가 있어야 해요. 엄마가 '사각사각' 찌개를 끓이는 소리가 나요. 무슨소리 일까요? 맞아요. 엄마께서 맛있는 요리를 하려고 칼로 채소를 써는 소리예요. 어, 아버지께서 지금 뭐하시는 거예요?	판자조각, 망치, 못이 필요해요. 칼을 사용하는 거예요. 냄비가 덜컹 거려요. 벽에요 낙서해놓은 것을 지우고 계세요. 아니야 깨끗하게	

		다시 페인트칠을 하시는 거야.	
	그래요. 아버지께서 깨끗하게 페인트 붓을 가지고 칠을 하고 있어요. 어, 깨끗해진 방에서 무엇을 하는 것일까요?	아! 장난감을 가지고 논다음 정리하는 거예요. 청소하는 거예요. 봐, 걸레질하고, 방을 쓸고 있잖아.	
	여러분의 말이 맞아요. 동생과 오빠가 장난감을 가지고 논 후, 깨끗이 청소도구로 정리하는 거예요. 집에서는 이렇게 너희들이 이야기한 것처럼 강아지집을 만들 때, 엄마가 요리할 때, 페인트칠 할 때, 청소할 때 쓰이는 여러 가지 도구들이 있어요.		
이야기 나누기 (10:30~11:00)	그런데 여러 도구들을 아무렇게 사용하고 그냥 두면 어떻게 될까?	안 돼요. 다칠지도 몰라요. 못에 찔려요. 칼에도 다쳐요. 장난감에 걸려 넘어져요.	
	그래요. 모두 맞아요. 그럼, 어떻게 하면 좋을까요?	조심해야 해요. 엄마 아빠와 함께 사용해야 해요. 사용 후에는 제자리에 둬야 해요.	
	그래요. 너희들이 말했던 것처럼 우리집에서 쓰이는 여러 도구들은 사용방법에 맞도록 부모님과 함께 그리고 항상 사용 후에는 제자리에 정		

	리정돈을 잘해야 되겠지요. 그래요. 여러분들은 잘 할 수 있어요? 그래요. 너희들 모두가 말했던 것처럼 집에서 그리고 유치원에서 조심해서 사용하고 제자리에 두고 정리정돈 잘 하기로 하자.	예. 예, 선생님 저는요 어제도 장난감을 정리했어요. 우리는요 잘 할 수 있어요. 예.	
신체표현활동 (11:00~11:30)	이제는 선생님께서 강아지집을 만드는 이야기를 듣고 친구들의 몸으로 한번 표현해 보도록 하자. 친구들은 망치질하는 사람이예요. 선생님 얘기를 잘 듣고 망치질을 빨리, 느리게, 세게, 약하게, 힘있게 위로, 아래로 치는 모습을 표현해 보기로 해요. 친구들 어땠어요? 친구들이 열심히 재미있게 하는 모습을 보니깐 강아지집을 예쁘게 만들 수 있을 것 같아요.	 망치질하는 모습을 동작으로 표현해 본다. 재미있었어요. 저는요, 실제로 망치질도 해 봤어요.	
동화 (11:30~12:00)	그럼, 이제는 선생님이 "동물회사"라는 동화를 들려주실 거예요. 너희들이 잘 듣고 어떤 동물이 무엇을 할 때 무슨 도구가 필요했는지 동화를 다 듣고 이야기. 〈동물회사〉동화들은 후 동물들이 어떤 도구를 사용했는지 알아본다. 각 동물이 무엇을 했나 물어 보고		그림동화 자료

	무슨 도구가 필요했는지 이야기해 본다. 도구를 가지고 어떻게 무슨 일을 했는지 이야기 나눈다.		
점심 (12:00~12:40)	식사 전에 손씻기 식사시간에 해서는 안될 행동에 대해 주의를 준다. 식사 후에 자기자리를 정리정돈하게 한다.		
정리정돈 및 휴식 (12:40~13:00)	식사 후에 뒷정리를 하고 카펫에 앉아 조용히 그림책을 보도록 한다.		
작업 (13:00~13:40)	전화기 만들기 또는 마이크 만들기 재료를 나누어 주고 하고 싶은 것을 하도록 한다. 동화들을 때 동물들이 어떻게 부탁받고 일을 해 주었어요? 그래요. 전화받았었지요? 그럼, 이제 우리 친구들이 여기에 있는 것들로 전화기를 한 번 만들어 보기로 해요. (준비물을 소개하고 작업설명을 한 후 유아들과 작업에 들어간다.)	전화가 자꾸와서 전화를 받고 고쳐주고 일을 했어요. **〈전화기 만들기〉** ① 종이컵 겉면에 색종이 또는 잡지그림, 포장지로 장식한다. ② 컵바닥을 송곳으로 뚫는다. ③ 뚫은 구멍에 털실을 끼우고 성냥을 묶은 후 스카치 테이프로 고정시킨다.	구멍을 뚫거나 성냥개비를 묶는 일은 교사가 도와 주도록 한다.

귀가 (13:40~14:00)	오늘 유치원에서의 하루 어땠어요? 그래요. 오늘은 생활에서 쓰이는 기계와 도구에 대해서 알아봤어요. 집에서 기계와 도구를 사용할 때 이제 조심해서 사용하고 정리 잘 하기로 약속해요. 교통안전에 대한 지도를 하고 귀가시킨다.	재미있어요. 예.	
평가	1. 집안 생활에 쓰이는 기계와 도구의 종류를 이해하는가? 2. 각각의 도구의 올바른 사용법을 충분히 알게 되었는가? 3. 혼자 사용하기 위험한 기계와 도구에 대해 안전지도를 충분히 숙지하였는가?		

일일활동계획안 2

활동주제	자석	대상연령	7세
활동목표	1. 자석의 여러 가지 성질을 안다. 2. 게임을 통해 협동심을 기른다.		
활동전개과정	교사	유아	비고
등원 및 활동계획 (9:00~9:15)	안녕하십니까? 오늘은 무진이가 제일 일찍 왔구나. 어떻게 유치원에 왔니? 응, 그랬구나. 자, 출석사진 뒤집고 와야지. 오늘 무진이는 어떤 놀이를 하고 싶어? 여러 곳을 둘러보고 놀이하고 싶은 곳을 표에 기입해 보자. (각자, 개인별, 그룹별로 등원순서에 따라 유아가 계획하는 것을 도와준다.)	안녕하십니까? 아버지께서 태워주셨어요. 그래서 빨리올 수 있었어요. 음. 무진이는 여러 곳을 둘러보고 한 책상에 앉아 계획표에 기입한다.	계획표
자유선택활동 (9:15~10:30) 과학영역	♠ 활동명 물 속의 클립 옮기기 ♠ 활동방법 물을 $\frac{3}{4}$ 정도 넣은 투명한 병 속에 클립을 넣고 자석을 이용하여 병 속의 클립을 밖으로 꺼낸다. 다른 병에 클립을 넣는다. 카드 속에 무엇이 쓰여 있니? 응, 아지는 어떻게 하면 이쪽 병에서 저쪽 병으로 물을 쏟지 않고 클립을 옮길 수 있을까? 그럼, 해보렴. 그렇구나. 그럼 어떻게 할지 생각	"병 속의 클립을 옮겨보세요."라고 쓰여 있어요. 손가락을 넣어서 집어내면 되요. 어, 손이 안들어가요. 병 입구가 좁아서 손이 안들어 가네.	병 입구가 좁고 긴병을 준비한다. 붙는 것과 붙지 않는 것을 섞어 넣어 실험할 수 있다.

자유 선택 활동 (9:15~10:30)		주머니 속에서 찾아보자. 클립은 쇠로 만들어졌어. 옆에는 자석이 있구나. 그럼, 한번 해볼까? 그래, 자석으로 클립을 꺼낼 수 있구나! 만약, 자석을 병에 가까이 대면 병 속의 클립은 어떻게 될까? 자석을 움직이면 왜 병 속의 클립이 움직일까? 클립외에 다른 것을 넣는다면?	모르겠어요. 아! 자석을 넣으면 클립이 붙을지도 몰라요. 자석에 붙었어요!!	
	미술영역	♠ 활동명 자석에 붙는 것으로 모빌 만들기 ♠ 활동방법 교사는 우산살을 장식하여 고정시켜 둔다. 잡지 책에서 자석에 붙는 것을 오려서 색테이프를 묶어 우산살에 묶는다. 선생님께서 우산살을 예쁘게 만들어서 준비해 주셨어요. 자석에 붙는 것을 잡지책 속에서 찾아 가위로 오립니다. 이렇게 펀치로 구멍을 내고 이곳에 색테이프를 묶고 우산살에 매답니다.(모델링) 영민이가 유리컵을 오렸구나. 이 유리컵은 자석에 붙을까? 그럼, 이 유리컵과 같은 것이 우리 교실 어디에 있지? 그렇구나. 그럼 영민이가 과학영역에서 자석을 가지고 가서 유리컵이 붙는지 안 붙는지 직접 실험해 보겠니?	(활동방법을 몰라 서성이고 있는 유아) (잘못 찾은 유아가 있을 때) 붙어요 // 안 붙어요. 생활영역에 유리컵이 많아요. 창문도 유리예요.	잡지책, 가위, 우산살, 색테이프, 펀치 우산살을 거꾸로 달아줄 수도 있다. 큰반일 때는 색테이프 대신 낚싯줄을 사용할 수도 있다. 교실에 있는 작은 소품을 직접 달 수도 있다.

<table>
<tr><td rowspan="3">자유
선택
활동
(9:15~10:30)</td><td></td><td></td><td>예~ 어, 유리컵이 자석에 안 붙어요.
제가 잘못 선택했어요.</td><td></td></tr>
<tr><td>수 영 역</td><td>♠ 활동명
누가 가장 길게 만들었을까?
♠ 활동방법
자석을 1개씩 나눠 갖는다.
자석에 클립을 길게 늘여 붙인다.
클립이 몇 개 붙었나 세어 본다.
어느 자석에 가장 많이 붙었나 알아본다.

여기에 있는 자석은 무엇이 다를까?
(모양, 크기, 형태파악)
이 자석들은 힘이 다 똑같을까?
어떤 방법으로 힘이 더 센가를 알아볼 수 있을까?
어느 자석의 힘이 가장 셀까?</td><td>모양이 틀려요.
큰 것도 있고, 작은 것도 있어요.
긴 것도 있어요~</td><td>모양과 힘의 세기가 다른 여러 개의 자석, 클립

게임에 이용할 수 있다.</td></tr>
<tr><td>블록 영역</td><td>♠ 활동명
자석 자동차 놀이
♠ 활동방법
블록으로 도로를 만들고, 자동차를 자석으로 움직여간다.
(여러 장애물을 만들도록 자극한다.)
이 자동차는 좀 이상하죠?

그래요. 선생님께서 자석을 붙여주셨어요. 이 도로를 이 자동차는 달려갈 수 있어요. 손을 대지 않고 말이예요.</td><td>(도로를 만든다.)

자동차 위에 자석이 붙어 있어요.</td><td>자석이 달린 자동차, 막대자석 블록</td></tr>
</table>

<table>
<tr><td rowspan="2">자유
선택
활동
(9:15~10:30)</td><td>블
록
영
역</td><td>어떻게 할 수 있을까요?
우리몸은 어디에도 대어서는 안 되요.
그럼 한번 불어 볼까요?
그렇다면 우리 여기에 붙여 둔 자석을 이용해 보자구나.

자석에는 어떤 색깔이 있니?
음, 그래 그럼 이렇게 같은 색끼리 마주치게 하면 서로 밀어내고 다른 색끼리 마주보게 하면 이렇게 서로 당겨서 붙는대요~

응, 정말 그런가 한번 해볼까?</td><td>발로하면 되요.

그럼, 입으로 불면 갈 수 있을 것 같아요.
어, 너무 무거워서 움직이질 않아요.

빨강색과 파랑색이요~

그럼 자동차 위에 있는 자석에 같은색 자석을 마주대면 자동차가 밀려 가겠어요.</td><td>막대자석 2개</td></tr>
<tr><td>요
리
영
역</td><td>♠ 활동명
빈대떡 만들기
만드는 순서를 그림으로 그려서 제시하고 유아들에게 간단히 설명한다.</td><td>(만드는 순서)
① 호박을 썬다.
↓
② 당근을 썬다.
↓
③ 감자를 썬다.
↓
④ 반죽한다.
↓</td><td>(준비물)
밀가루, 부추, 감자, 당근, 호박, 식용유</td></tr>
</table>

	요리영역	· **주의** 1. 채를 썰 때는 안전하게 채칼을 사용한다. 2. 프라이팬 사용시 주의한다. 3. 음식을 만들어 먹은 뒤 뒤처리는 어떻게 할까에 대하여 이야기 나눈다. 4. 가장 힘들었던 것과 재미있었던 점을 발표해 본다. 5. 다시하게 된다면 무엇에 주의해야 할지에 대해 생각해 본다.	⑤ 호박, 당근, 감자를 반죽에 섞는다. ↓ ⑥ 프라이팬에 기름을 두른다. ↓ ⑦ 한 국자씩 전을 부친다. ↓ ⑧ 먹는다.	
이야기 나누기 (10:30~11:00)		정리하고 카펫으로 모이도록 신호한다. 카펫에 모이는 동안 '목수' 노래를 부른다. 손인형: 아휴~우리 상아의 예쁜 옷을 만들다가 바늘을 잃어버렸네. 이걸 어째. 누가 잘못 밟으면 찔리고 말텐데. 이걸 어째~ 바늘을 찾을 수 가 없네. 어머, 상하 어머니께서 바늘을 잃어버리셨나봐요~ 어떻게 하죠? (교사 무릎에 바늘을 놓아둔다.) 손인형: 어머! 그렇구나. 선생님 자석으로 제 바늘 좀 찾아주세요. 네~알겠습니다(막대자석으로 무릎의 바늘을 붙여서). 여기 바늘이 있었군요. 손인형: 어머나, 바늘을 찾았군요.	모두 함께 부른다. 자석이 있으면 잃어버린 곳에 대어 보세요. 그럼 붙어요~	손인형, 바늘, 자석

이야기 나누기 (10:30~11:00)	고맙습니다. 빨리 상아 옷을 만들러 가야겠어요. 안녕히 계세요~ 안녕히 가세요. 오늘은 선생님과 함께 이 자석에 대해 이야기해 보기로 해요. 자석이란 철을 끌어 당기는 성질이 있는 물체를 말해요. 그래서 이 자석에 철(쇠)로 만들어진 것은 모두 붙는 답니다. 우리 교실에 있는 물건들 중에 이 자석에 붙는 것을 말해 볼까요? 이야~정말 많은 것들이 있네요. 그럼, 이제 이 자석을 잘 살펴보기로해요. 어떻게 되어 있나요? 그래요. 자석은 양쪽의 힘이 틀려요. 어떻게 틀릴까요? 이렇게 같은 색끼리 마주하면 서로 밀어낸답니다. 그리고 다른 색끼리 마주하면 이렇게 붙어 버려요. 자, 한 사람씩 나와서 선생님처럼 해보세요. (느낌을 물어 본다.) 자석에는 어떤 모양들이 있니? 그래요, 모양도 여러 가지, 크기도 여러 가지가 있어요. 그런데, 모두 힘이 똑같을까요? 수 영역에 어느 자석이 가장 힘이 센지 알아볼 수 있게 선생님이 준비해뒀어요. 그러니깐 친구들 모두 해 보기로 해요~	 안녕히 가세요. 예. 주전자, 클립, 못, 망치, 톱, 쇠바구니요~ 빨강색과 파랑색이 칠해져 있어요. 긴 것, 둥근 것, U자로 생긴거요. 큰 것. 모르겠어요~	여러 가지 자석

	자석이 이용되는 곳 유아 주위에서 자석을 본 것에 대해 이야기 나눈다. 놀이에 어떻게 사용할 것인가?		
바깥놀이 (11:00~11:30)	♠ 활동명 꼬리 잡기 ♠ 활동방법 한 사람이 대장이되고 그 뒤에 아이들이 앞사람의 허리를 잡고 한 줄이 된다. 술래가 제일 뒷사람을 잡으려고 하면 대장은 두 팔을 벌려 술래를 방해한다. 술래의 옷을 잡거나 붙잡거나 해서는 안 된다. 제일 뒷사람이 잡히면 대장이 술래가 되고 술래하던 사람은 제일 뒤에 꼬리로 붙는다. 교사는 호각을 불어 시작과 끝을 알린다. 앞사람을 꼭 잡아 꼬리가 떨어지지 않게 한다(언어로 지시).	수도가에서 손을 씻고 교실로 들어간다.	호각
작업 (11:30~12:00)	♠ 활동명 냉장고용 메모지 고정자석 만들기 ♠ 활동방법 냉장고용 메모지 고정자석에 대하여 이야기한다. 무슨 모양을 만들까 결정한다. 지점토를 이용하여 모양을 만든다. 바닥은 자석이 붙을 수 있도록 평평하게 한다. 그늘에서 말린다. 물감칠, 니스칠, 자석 붙이기는 다음날 계속한다.	소근육 발달 정도를 알 수 있다.	지점토, 막대, 동그란 자석, 그림물감, 니스, 점토용 본드, 점토용 칼

	시행착오를 통해 만들어 본다. 두껍게 만들면 자석이 지탱하지 못한다는 것을 알게 한다. 자석의 크기나 세기를 비교할 수 있는 여러 종류를 준비해 둔다. ♠ 응용활동 자석동화 만들기		
점심 (12:00~12:50)	작업정리와 손씻기를 함께하고 식사준비를 한다. 급식을 해 주시며 수고하시는 분들께 감사하고, 편식하지 않게 지도한다. 천천히 편안한 마음으로 식사하도록 언어적 자극을 준다. 식기정리를 지도한다. 준비해온 후식을 서로 나누어 먹도록 언어적 자극을 준다. 양치질을 꼼꼼히 점검한다. (음악감상) '엘리제를 위하여~'		
동화 (12:50~13:10)	자동차를 만들었어요.(융판동화) 상훈이와 경아는 지나가는 자동차를 바라보면서 무척 자동차가 가지고 싶었어요. 하지만 자동차를 살돈이 없었어요. 그래서 두 친구는 자동차를 만들기로 했답니다. 여러분, 상훈이와 경아가 얼마나 멋진 자동차를 만드는지 지켜 보기로 해요. 여러 가지 연장과 널판지를 가져와서는 열심히 톱질을 하여 자동차 몸		융판자료

	을 만들었어요. "바퀴는 고장난 유모차 바퀴를 달자!" "참 프로펠러도 달아야지" 하고 바람개비를 만들어 붙였어요. "손전등도 달면 어떨까? 깜깜한 밤에도 잘 달릴 수 있겠지!" 크레파스와 물감으로 색칠도 했답니다. "자! 출발~" "어! 비가내리네~~" "그럼, 우산으로 지붕을 만들자." "이야~ 정말 멋진 차가 되었어, 하하"		
동작활동 (13:10~13:30)	♠ 활동명 자석낚시 ♠ 활동방법 두 편을 나눈다. 이름을 정하고 응원한다. 낚싯대를 가지고 달려가서 바구니에 있는 물고기 카드를 자석에 붙게 하여 달려 온다. 물고기는 상자에 넣고 낚싯대는 다음 친구에게 준다. 빨리 들어온 팀이 승리한다. 승부에 집착하지 않도록 하고 응원을 누가 즐겁게 활동하였는지에 초점을 맞춘다.		물고기카드(클립), 자석이 붙은 낚싯대, 바구니, 상자(각 2개씩)
귀가지도 (13:30~)	(카펫에 모임) 간단한 손유희로 시선을 집중시킨다. 하루활동 중 재미있었던 점과 힘들었던 점을 이야기한다.		

<table>
<tr><td></td><td>누가 열심히 활동을 했는지 찾아서 박수쳐 준다.

내일 날짜와 요일을 말해보고 나서 내일 준비물을 전달한다.

교통규칙 지키기와 버스 안에서의 예절을 상기시킨다.</td><td></td><td></td></tr>
<tr><td>평가</td><td colspan="3">1. 자석의 성질을 충분히 전달하였는가?
2. 자석의 성질을 충분히 아는데 적합한 활동이었는가?
3. 게임대형이 단조롭지 않았는가?</td></tr>
</table>

부분수업계획안 Ⅰ

활동주제	마이크 만들기	대상연령	6세
활동목표	1. 유아생활에서 접할 수 있는 기계와 도구를 바르게 알고 사용할 수 있도록 한다. 2. 마이크가 어떻게 사용되는지 이해할 수 있다. 3. 소근육 활동을 증대시킨다.		
활동전개과정	**교사**	**유아**	**비고**
도입	(실제의 마이크 보여 주면서) 여러분 이것이 무엇이지요?	마이크예요.	
	어디에 사용하는 것일까요?	노래부를 때 사용해요. 발표하고, TV에서 아나운서가 말할 때 사용해요. 그리고 강의할 때도 사용해요.	
	그래요. 여러분이 말했던 것처럼 마이크는 그러한 여러 곳에서 사용되고 있어요. 여러분 중에 마이크 사용해 본 경험이 있는 친구 이야기해 볼 수 있어요?	저는요, 집에서 엄마랑 마이크 가지고 노래불러 봤어요.	
	그렇구나. 친구들 중에 마이크를 사용해 본 사람도 있고 그렇지 못한 친구도 있어요. 그럼 이제 그 마이크를 여러분들과 선생님이 함께 만들어 봐요.	정말이예요? 어떻게 만들어요?	

	선생님이 지금부터 어떻게 만드는지 이야기할거예요. 친구들 잘 듣고 만들어 보기로 해요.		
전개	(만드는 순서를 간단하게 설명한다.) ♠ 활동순서 1. 탁구공을 망사 또는 스타킹으로 씌워 밑을 고무줄로 묶는다. 2. 플라스틱 원통 끝에 끈을 약 30cm 정도 길이로 연결시킨다. 3. 탁구공을 원통과 붙여 고정시킨다. 4. 플라스틱 원통 위에서부터 밑부분까지 은색 테이프로 감아준다. 5. 망사로 싼 탁구공을 중간부분에 검은색 테이프로 가늘게 잘라 한 바퀴 감아준다. 탁구공 대신 폐품을 활용하거나 종이를 둥글게 뭉쳐서 만들 수 있으며 플라스틱 원통을 구하기 어려운 경우에는 마분지를 말아서 사용한다.		
마무리	마이크를 만들고 난 후, 작품이 파손되지 않도록 하여 보관하고 전시해 준다. 완성된 마이크로 유아 개개인에게 나와서 발표할 수 있도록 발표시간으로 전시를 대신할 수 있다. 완성 후 힘드는 것은 없었는지 또 다른 만드는 방법은 없을지 이야기해 본다.		
평가	1. 마이크가 어떻게 사용되는지 이해하는가? 2. 균형감과 정교하게 만들었는가?		

부분수업 계획안 2

활동주제	냉장고용 메모지 고정자석	대상연령	7세
활동목표	1. 자석의 성질을 안다. 2. 자석이 활용되는 곳을 안다. 3. 소근육 발달과 완성의 성취감을 갖는다.		
활동자료 및 준비물	지점토, 점토용 칼, 자석, 점토용 본드, 물감, 붓, 물통, 니스, 책상 바닥용 비닐, 걸레		
활동전개과정	교사	유아	비고
	'목수' 노래를 부른다.(선창) 선생님께서 여기에 여러 가지 물건들을 준비해 주셨어요. 이것이 무엇인지 아는 사람 있어요? 응, 아라가 잘 알고 있네요. 이것은 지점토라고 해요. 우리가 자주 쓰던 찰흙하고 비슷해요. 그런데 찰흙은 흙으로 만들었지만, 이 지점토는 종이로 만들었어요. 오늘은 이 지점토로 냉장고에 메모지를 붙일 때 쓰는 고정자석을 함께 만들어 볼꺼예요. 그런데 고정자석은 만들어서 냉장고에 어떻게 붙일 수 있을까요? 음, 그렇군요. 선미가 아주 멋진 생각을 한 것 같네요. 고정판 뒤에 자석을 붙이면 냉장고에 계속 쓸 수 있을 것 같은데 여러분들은 어떻게 생각해요? 그럼 이제부터 여러분들이 만들	함께 부른다. 지점토인 것 같아요. 선생님, 자석을 붙이면 될 것 같아요. 우리 집에 병따개도 자석 때문에 냉장고에 붙어 있어요. 좋은 생각인 것 같아요.	

	고 싶은 모양을 이 지점토로 만들어서 말린 다음 뒤에 자석을 붙이고, 또 예쁘게 물감으로 색칠도 해보세요. 그런데 뒤에 자석을 붙일거라고 했는데 그럼 뒷면은 어떻게 만들어야 할까요?	평평하게 해요. 구멍이 있으면 안 되요.	
	그렇군요. 평평해야 좋을 것 같아요. 또, 너무 두껍게 만들면 어떻게 될까요?	무거워서 떨어질 것 같아요. 얇게 만들어야겠어요.	
	네, 그래요. 그럼 그렇게 만들어야겠죠. 여러분들은 무엇을 만들고 싶어요?	과일이요. 자동차, 오리, 과자!!	
	아주 많은 것들을 생각해 내었군요. 그런데, 다 만들어서 어떻게 하면 좋을까요?	집에 가지고 가서 냉장고에 붙여 두어요. 유치원 냉장고에 붙여두고 싶어요.	
	네, 그것도 좋은 생각인 것 같네요. 하지만, 이것을 선물로 주면 어떨까요?	누구에게요??	
	내일 생일잔치를 할꺼예요. 민주랑 경희친구의 생일이거든요. 그 친구들에게 생일 선물을 하면 어떨까요?	좋아요!! 선물할래요.	
	자, 그럼 지금부터 만들어 볼까요?	네!!	
	민성이는 길게 만들고 있네요. 무엇을 만드는 거예요?	예. 우산을 만들고 있어요.	

	민성이가 만들고 있는 것이 우산이예요? (여러 아이들에게 무엇을 만드는지를 물어 본다.)	네. 선생님~ 손에 하얀가루가 많이 묻어서 만들기가 힘들어요.	1일은 만들기, 2일은 채색, 니스칠(2일)
	그렇군요. 어떻게 하면 손에 많이 안 묻고 잘 만들 수 있을까요?	저번에 찰흙으로 만들 때는 손에 물을 묻혀서 만들었으니깐 이번에도 손에 물을 묻혀서 만들면 될 것 같아요~ (물을 떠다가 손에 바르고 지점토를 원하는 모양으로 만든다.)	찰흙 작업을 경험한 뒤에 계획한다. 취학 전 아동을 대상으로 하는 것이 적당하다.
	그렇게 생각해요? 그럼, 그렇게 해 보세요~ 어, 정말 손에 물을 묻혀서 만드니깐 손에 지점토가 많이 묻지 않고 잘 만들어지네요.	너희들도 물 떠와서 해봐~ 그래그래.	만드는 대상을 주제에 따라 축소할 수 있다.
	그래요. 윤희는 무엇을 만들었어요? 그럼, 이제는 말려야겠네요. 그런데, 어디다가 두면 잘 마를까요? 우리 모두 생각주머니를 활짝 열어보세요~	선생님~딸기를 만들었어요. 다 만들었어요. 바람이 부는 곳이요. 햇볕이 잘 비추는 곳. 아니야. 그늘에 말려야 될 것 같아. 찰흙도 그늘에 말렸잖아.	소근육 발달 정도를 알아볼 수 있다.
	그래요. 이 지점토도 그늘에 말려야만 갈라지지 않아요. 교실 어디에 두면 좋을까요? 하지만, 너무 높은 것 같아요. 그럼, 되겠네요. 찬우가 의자를 두고 오겠니? 다 만든 친구는 사물함 위에 올려	사물함 위에 올려두면 좋겠어요. 의자를 놓고 올라서서 두면 되잖아요. 예~	

<table>
<tr><td></td><td>놓고 오세요.
내일 작업 시간에는 마른 지점토에 물감으로 색칠을 예쁘게 해봐요~
그런데 물감에 물이 묻으면 어떻게 될까요?

그래. 지워지거나 손에 묻거나 다른 곳에 번져버린대요.
그럼, 어떻게 할까요?
그럼, 선생님이 가르쳐 줄께요.

이것은 니스라고 하는건데, 이것을 물감칠한 지점토 위에 붓으로 칠하면 반짝반짝 비치기도 하고 물감이 번지지지도 않아요.
내일은 물감칠과 니스칠을 하기로 해요.

자기 주변을 깨끗이 정리합니다.
바닥과 책상에 하얀 가루가 많네요. 어떻게 하죠?
그래 이렇게 작은 것을 치울 때에는 빗자루로 쓸어서 버리면 되겠네요.

(청소가 끝나면)
다 정리를 했으니 이제 손을 씻으러 갑니다. 혹시 화장실 다녀오고 싶은 친구 있으면 다녀와요.
다음은 모두 함께 게임을 할꺼예요. 그러니 씻고 와서 카펫에 모여 앉아요.</td><td>지워져요~
번져요.
못쓰게 되어요.

잘 모르겠어요.

그렇군요~

빗자루로 쓸어서 모아 버려요~</td><td></td></tr>
<tr><td>평가</td><td colspan="3">1. 재료에 대한 저항감이 적은가?
2. 표현에 어려움이 있는가?
3. 모방하지 않고 창의적으로 표현을 하였는가?</td></tr>
</table>

부분수업 계획안 3

<table>
<tr><td>활동주제</td><td>냄비가 변했어요.</td><td>대상연령</td><td>6세</td></tr>
<tr><td>활동목표</td><td colspan="3">1. 냄비의 쓰임새를 말할 수 있다.
2. 냄비를 여러 가지 도구를 사용하여 창의적으로 꾸밀 수 있다.</td></tr>
<tr><td>활동자료 및 준비물</td><td colspan="3">냄비(뚜껑포함), 가위, 풀, 부직포, 본드, 테이프, 색종이, 색연필, 요리장면 그림자료</td></tr>
<tr><td>활동전개과정</td><td>교사</td><td>유아</td><td>비고</td></tr>
<tr><td></td><td>손유희: 박수, 주전자

친구들, 지난주에 무엇을 배웠죠?

네~부엌에서 엄마가 자주 쓰시는 물건들을 배웠어요. 그 중에 주로 무엇을 많이 쓰시는 것 같아요?

엄마는 칼과 도마를 많이 사용하신데요. 칼과 도마는 어디에 쓰이나요?

네~맞아요. 물건을 자를 때 조심히 써야 하는 물건 중에 하나였죠?

음식을 끓일 때는 엄마께서는 주로 무엇을 많이 쓰시나요?

냄비요~ 맞아요. 음식을 끓이거나 할 때 쓰는 것이었죠? 오늘은 ‘냄비’에 관해서 알아볼 거예요.

(냄비를 들어 보이며)짜잔~ 선생님은 선생님 집에서 냄비를 가지고 왔어요. 선생님 집에서는 손</td><td>

부엌에서 사용하는 물건이요~
엄마께서 사용하는 물건이요~

칼, 도마요.

음식을 자를 때요.
과일 깎을 때요~

네~

냄비요.

와~네!!</td><td></td></tr>
</table>

	잡이가 두 개 달려 있고 쇠로 만들어진 냄비예요. 선생님은 집에 가면 이 냄비에 라면을 끓여 먹곤 한답니다. 이 냄비는 손잡이 부분이 냄비의 뜨거운 열이 전달되지 않도록 절연체로 만들어진 것이라서 라면을 끓인 후, 손잡이를 잡아도 뜨겁지 않아요.		
	자~이제 그럼 우리 친구들이 가져온 냄비를 모두 들어 보세요.		
	우와~냄비도 이렇게 종류가 많이 있어요?	네~	
	어떤 모양이 있는지 이야기해 볼까요? 누가 먼저 이야기해 볼까요?	저요~~~	
	여기에 손잡이가 하나인 냄비가 있어요. 이 손잡이가 하나인 냄비는 어떻게 들어야 하죠?	저는요, 손잡이가 한 개 밖에 없어요.	
	씩씩한 우리 친구는 손으로 들 수 있어요. 하지만 냄비는 한 손으로 들기에는 무거워요. 그리고 요리를 하고나면 뜨거워요. 그런데 한 손으로 들면 위험하겠죠?	저는 씩씩해서 한 손으로 잘 들어요. 네~	
	우리 친구들은 씩씩하고 힘이 세지만 꼭!! 두 손으로 들기로 해요.	네~	
	그럼, 두 번째는 누가 발표해 볼까요?	저요! 저는 뚜껑이 달려 있어요.	
	여기에 옛날에 어른들이 쓰셨던 냄비를 가지고 왔어요. 이 물건은 뚝배기라고 하는 것이예요.		

	이 뚝배기는 (한번, 두번 치면서) 이 쇠와는 조금 달라요. 뚝배기는 도자기처럼 흙으로 만든 것이예요. 이 뚝배기로 어떤 음식을 만들 때 사용하는지 보았나요?	계란찜이요~ 된장찌개요~ 밥이요~	
	이 뚝배기는 음식을 상이나 식탁에 올려 놓아도 보글보글 끓죠?	네.	
	그 뚝배기를 보고 친구들~ 어떤 생각이 들었어요?	무서웠어요. 맛있게 보였어요.	
	맞아요. 뚝배기는 이렇게 도자기처럼 되어 있어서 선생님이 가져온 쇠로된 냄비보다 음식을 더 오래 따뜻하게 먹을 수 있게 해준답니다. 그리고 쇠가 부족했던 옛날에는 우리 할아버지, 할머니들은 이렇게 뚝배기 냄비를 많이 사용했답니다. 흙으로 만들어져 무겁고 잘 깨어지지만 음식이 맛있게 되고, 잘 식지 않아서 이렇게 이용되요.		
	또 다른 종류의 냄비를 이야기해 보고 싶은 친구 있나요?	저요!! 선생님 저는 투명해서 냄비 안에 음식이 다 보여요.	
	이것은 유리로 된 냄비네요. 우리 저기 창문 밖으로 밖이 다 보이죠? 그것처럼 이렇게 유리로 된 냄비는 냄비 안에 음식이 익어가는 과정을 볼 수 있어요.		
	이 유리 냄비에 어떤 음식을 요리하고 싶어요?	제가 제일 좋아하는 카레요! 카레의	

		색깔이 너무 예쁘게 잘 보일 거예요~	
	카레를 요리해 보도록 해요. 노란카레가 익어가는 모습을 보면 재미있겠죠?	네! 먹고 싶어요~	
	자~ 끝으로 냄비를 소개해 주고 싶은 친구 있나요?	선생님 저는 냄비를 여러 개 가지고 왔어요.	
	선생님은 코펠이라는 것을 가지고 왔어요. 이것은 어디에 쓰는 것일까요?	여름에 엄마, 아빠랑 놀러갈 때 썼어요.	
	맞아요. 이것은 놀러가서 밖에서 쓰도록 편리하게 만들어진 냄비들이예요. 이걸로 밖에 소풍가서 음식을 해 먹으면 편리하답니다.	소풍가서 요리해 보고 싶어요.	
	맞아요. 모두들 나와서 이 냄비를 들어 보세요. 어때요?	가벼워요~	
	네~다음에 우리 여기다가 맛있는 음식을 만들어 먹어요.	네!! 맛있겠다!!	
	오늘 이렇게 많은 냄비를 알아보았는데요. 이것 말고도 아주 큰 냄비가 있고, 아주 작은 냄비가 있답니다.	네~ 우리집은 엄마께서 이 만한 냄비에 국을 끓여요. 저희는 추석 때 큰집에 가면 아주 큰 냄비에 송편을 빚어서 큰 냄비에 쪄서 먹어요.	
	네, 맞아요~ 떡을 만들어 먹거나 음식을 많이할 때 큰 냄비가 필요하고요. 혼자 먹을 때는 작은 냄비가 필요해요. 짜잔~이것은 무엇일까요?		

	이것은 중국 냄비예요. 우리가 TV 나 자장면 시켜 먹어보면 요리사들이 불이 막~ 나오는 곳에서 요리 하는 것을 볼 수 있죠? 우리가 지금까지 보았던 냄비랑 어떤 점이 다르나요? 네~그치만 중국에선 냄비가 바로 이런 것 들이예요. 우리들과 먹는 음식이 다르고 만드는 방법이 다르기 때문에 나라마다 냄비의 모양이 다를 수도 있어요. 맞아요. 탕수육처럼 튀기고 볶는 음식이 많기 때문에 용도에 따라 모양이 이렇게 다른 거예요. 재미있죠? 이렇게 많은 냄비가 있는 줄 몰랐을거예요? 선생님도 친구들과 이렇게 냄비에 대해 알아보니까 너무 좋아요. 그래요~~~맛있는 음식도 만들어 보고 보글보글 소리도 들어봐요~ 그럼, 우리 엄마가 사용하시는 것을 직접 보러 갈까요? 자~ 이제는 여기가 어디죠? 맞아요. 엄마가 무엇을 하고 계시죠? 어! 그런데 어디에 넣어 음식을 하고 있나요? 맞아요~ 어떤 음식을 하시는지 볼까요? 우리에게 주시려고 맛있는 김치	네, 커요. 모양이 달라요. 우리 집 프라이팬 같아요. 네, 중국냄비엔 탕수육!! 네~ 빨리 집에 가서 이 많은 냄비에 음식을 만들어 먹고 싶어요. 선생님, 집에서 가져온 뚝배기에 맛있는 것 해 먹을래요. 네~ 부엌이요~ 요리요!! 냄비요!! 네.	

	찌개를 끓이고 계시죠? 그런데 이런 김치찌개를 프라이팬에 요리할 수 있을까요? 어, 왜 안될까요? 그래요. 잘 알고 있네요. 이렇게 보면 다르죠. (높이를 비교해 주며) 국물이 흘러 넘치겠죠? 그래서 프라이팬에는 이렇게 김치찌개를 끓이기 힘들어요. 자~ 여기 유리냄비에는 콩나물이 익어가고 있어요. 친구들 콩나물국 먹어 보았나요? 엄마가 콩나물국을 끓이고 있네요. 이 냄비는 투명하기 때문에 뚜껑을 열지 않고도 콩나물이 익어가는 모습을 알 수가 있어요. 편리하겠죠? 네~ 깨끗해 보여서 음식이 더 예쁘게 보이기도 해요. 자~이제는 냄비를 사용해 볼까요? 두 손잡이 냄비는 두 손으로 한 손잡이 냄비는 양손으로 손잡이를 잡고, 무거운 냄비들과 가벼운 냄비를 한번 들어보고 각자 무엇을 넣어 만들면 맛있겠는지 생각해 봐요~	네~ 아니요~ 높이가 낮아서요~ 국물이 흘러 내려요. 네!! 넘쳐요~ 네~~~ 네~ 먹어 봤어요!! 네!! 예뻐요!!	부엌그림 제시 엄마와 냄비 냄비 위의 김치찌개 그림 자료 사진제시 아이들이 직접 나와서 냄비를 들어 본다.

	자! 그럼 오늘 냄비를 가지고 다른 모습으로 우리 친구들이 한번 꾸며볼 거예요. 재미있겠죠? 친구들이 준비해 온 도구를 꺼내어 보세요. 냄비를 모두모두 자신이 원하는 다른 모습으로 마술처럼 변하게 해보세요. 누가 누가 마술처럼 변형시키는지 볼께요. 자~ 선생님은 냄비로 모자를 만들었어요. 이 손잡이가 햇볕을 가려줘요, 우리 친구들은 더 멋진 작품을 만들 수 있을 거예요. 자~그럼 시작해 보세요. 손잡이가 하나인 냄비로 무엇을 만들거예요? 응~딸랑이를 만들거예요? 친구들이 이 딸랑이를 보면 정말 좋아하겠어요. 그럼요~ 친구들이 정말 좋아하겠는걸요~ 여기에 여러 재료들이 많이 있네요. 여기에 있는 재료 친구들과 가지고 놀 딸랑이는 어떻게 만들거예요?	네~ 와~ 네!! 네~~~ 친구들이랑 함께 가지고 놀 수 있는 딸랑이를 만들거예요. 정말요? 저는요~ 여기 동그란 곳에는 예쁜 색으로 붙이고 그 안쪽에는 태극기 모양을 색종이를 오려서 붙일거예	각자 자기가 들고 온 냄비를 꺼낸다.

		요. 옆에는 실로 곱표모양으로 꾸미고 거기엔 색종이로 예쁘게 싼 병뚜껑을 실에 달아서 붙일 생각이예요. 그래서 이렇게 돌리면 딸랑딸랑 소리가 나게 할거예요.	
	정말 어디선가 딸랑딸랑하는 소리가 들리는 것 같네요. 예쁘게 만들어서 나중에 여러 친구들에게 소개해 주세요.	네~~~	
	이는 양철로 된 냄비와 빨간색, 검은색 종이를 가져 왔네요.	네! 무당벌레를 만들거예요.	
	무당벌레요? 어떻게 만들거예요?	음. 냄비를(뒤집어 보이며) 이렇게 해서 동그란 이 부분에 검은색 종이를 크게 잘라서 붙이고, 빨간색 종이를 작게 잘라서 붙일거예요.	
	아~ 그렇게 하면 무당벌레의 등이 되겠네!!		
	정말로 그렇게 붙이면 양철냄비가 예쁜 무당벌레가 되겠구나!	네. 그리고 손잡이에는 얼굴을 만들어서 붙일거예요. 네~정말로 예쁜 무당벌레가 되겠죠?	
	그렇겠구나!! 친구 냄비 무당벌	음. 이거 만들어서	

	레 만들어서 어떻게 할거예요?	우리 엄마에게 선물할 거예요. 그리고 맛있는 음식 여기에 많이 만들어 달라고 할거예요.	
	그래요. 우리 예쁘게 만들어서 엄마께 선물해요. 여기에 여러 가지 코펠있죠~ 크기도 다양한데, 무엇을 만들지 궁금한걸요~	네!! 저는 냄비를 이렇게(냄비를 차곡차곡 쌓아 보이며)쌓아서 커다란 케이크를 만들거예요.	
	우와!! 이렇게(손으로 표시를 해 보이며)큰 케이크를 만들거예요?	네! 저번에 우리 이모 결혼식에 갔었는데요. 이렇게(손동작) 큰 케이크가 있었는데 너무 맛있어 보였어요. 그래서 만들어 보고 싶어요.	
	그렇구나, 그래서 냄비를 많이 가져온 거예요?	네~그래서 많이 가져왔어요!	
	그런데 이 종이는(구김지를 들면서)무엇에 쓸거예요? 예쁜종이네요.	그거는요. 이 종이가 생크림같이 쪼글해서 선택했어요~	
	그런데 색깔이 갈색도 있고, 하얀색도 있고, 분홍색도 있네요.	네~제가 초코케이크랑, 딸기 케이크랑, 생크림 케이크를 좋아해서 만들려고 가져 왔어요.	

	맛있겠다!!! 그렇지? 초코케이크랑 생크림 케이크, 딸기케이크를 좋아하는구나!	네!!	
	그런데 이 초는 뭐예요?	이 초는요, 생일축하할 때 처럼요. 맨 위에 올려놓을 거예요. 그리고 그 옆에는 (나뭇잎을 보이며)이걸로 꾸밀 거예요.	
	우와~! 우리 친구는 정말로 멋있는 케이크가 되겠구나! 나중에 모두 만들고 나면 선생님이랑 친구들 한테 맛있는 케이크 이야기 해 줄거죠?	네~할거예요.	
	그럼 나중에 꼭 이야기해 주세요~	네!!!	
	그런데 유리 냄비로 무엇을 만들 거예요?	저는요. 유리냄비를 어항처럼 꾸밀 거예요.	
	어항이요? 아. 유리냄비가 투명하니깐 어항처럼 보일 거예요. 여기 돌이 있는데 돌은 어떻게 사용할건가요?	유리냄비 안에 돌을 넣어서 바닥을 채울 거예요~	
	그럼 구슬과 나뭇가지는 무엇에 써요?	구슬은요. 어항 안에 구슬을 넣으면 반짝반짝 빛이나서 예쁠 것 같구요. 나뭇가지를 넣어서 진짜 바다같은 느낌이 나도록 할 거예요.	

	그렇군요~ 어항이 필요해요~	아니요~내일이 제 친구 승현이 생일인데요. 승현이가 금붕어를 좋아해서요. 제가 멋진 어항을 만들어서 금붕어를 키울 수 있도록 선물하려구요.	
	그래요? 승현이 친구가 아주 좋아할 것 같네요. 열심히 다 만들고 친구들과 선생님에게 어떻게 만들었는지 소개해 주세요.	네~~~	
	아~뚝배기. 선생님도 뚝배기에 끓인 된장찌개를 끓여서 맛있게 먹어 본 적이 있어요.	저도요. 맛있어요.	
	뚝배기로 무엇을 만들건가요?	제 얼굴이요!	
	아~그래요!! 그럼 이 뚝배기를 가지고 얼굴이 완성되겠네요~ 우와~ 색상지를 많이 준비해 왔네요.	네!	
	그럼 이 색상지는(살색을 보이며) 어디에 사용할 거예요?	제 얼굴을 꾸밀거예요~	
	아~살색 피부구나. 노란털실은 뭘까 궁금해요~	제 머리카락이요~	
	하하~(웃는다.) 얼마 전에 머리카락을 노란색으로 염색했지요~	네~노란머리가 제일 예뻐요!!	
	이건 동글동글 예쁜 인형눈이예요.	네~선생님!	
	(빨간 솜털을 가르키며)이건 누구의 예쁜 입술인가요?	아니요~	
	그럼 뭐예요?	제 볼이 빨개서요. 볼을 나타내려구요.	

	아~그렇군요. 빨간 볼이 너무 예쁜걸요~	고맙습니다~	
	우리 친구도 나중에 꼭 보여 주세요!	네!!	
	자~친구들 이제 냄비에 꾸미기를 다 했나요?	네~다했어요!!	
	그럼, 누가 냄비꾸미기 발표를 해볼까요?	저요~저요~~	
	그럼, 우선 뚝배기로 얼굴을 만든 친구들 앞에서 소개 해볼까요?	네!! 이건 뚝배기인데 내 얼굴을 만들었어. 얼마 전에 노란색으로 염색을 해서 노란털실을 이용해서 내 노란색 긴 머리를 만들었어~	
	그래요! 다음에 기회가 될 거예요. 만들어 보도록 해요.		
	친구들, 자기의 특징을 잘 나타내어 주었지요? 그래요. 이렇게 뚝배기에다가 자신의 중요한 특징을 나타내는 것도 좋은 생각이였어요.		
	이번에는 어떤 친구가 발표를 해볼까요? 냄비 꾸미기한 것 가져와서 선생님과 친구들에게 소개해줄래요?	네~ 나는 유리 냄비로 어항을 만들었어. 어항 밑에는	

		돌을 깔았고, 구슬로 반짝거리게 꾸미고, 나뭇가자로 진짜 바다와 같은 느낌이 나도록 꾸몄어.	
	예쁜 어항을 친구 생일에 선물할 생각이예요. 저곳에 사는 물고기도 참 행복할 것 같아요.		
	설명을 잘해 주었어요. 다음엔 누가 친구들과 선생님에게 발표할까요?		
	선생님과 친구들에게 멋있게 만든 케이크를 소개해 준대요. 만든 케이크 한번 볼까요?		
	그럼, 친구가 만든 케이크 소개해 주세요. 야! 케이크 맛있겠다. 우리 친구는 냄비를 여러 개를 이용해서 케이크를 만들었어요.	나는 놀러갈 때 밥을 해서 먹을려고 가져가는 냄비로 이렇게(손으로 가리키며) 큰 케이크를 만들었어. 세 개를 올려 놓고 나뭇잎으로 장식하고, 쪼글쪼글한 종이로 내가 좋아하는 초코 케이크, 딸기 케이크, 생크림 케이크를 만들었어. 예쁘죠?	
	초코, 딸기, 생크림 케이크를 좋아하는데 케이크 정말 크죠?	네!!	
	케이크 정말로 크고 멋있었어요.		

	잘 봤어요. 다음은 누가 해볼까요?	저요!!!	
	우리 친구들한테 자기가 만든 작품을 소개해 주고 싶대요. 우리 친구들 모두 들어 볼까요?	네~	
	그럼, 선생님과 친구들한테 만들기한 것을 소개해 주세요~	저요!! 나는 냄비로(무당벌레를 보여주며) 무당벌레를 만들었어. 냄비를 뒤집어서 검은색 종이를 오려서 먼저 붙이고 빨간색종이를 조그맣게 오려서 검은색 종이 위에 붙였어. 그리고 손잡이에 얼굴도 만들어서 붙였어.	
	손잡이가 얼굴이 되었어요. 무당벌레가 살아있는 것 같아요.		
	그런데 무당벌레 누구 줄꺼예요?	저는 집에 가져가서 우리 엄마에게 드릴거예요! 그리고 무당벌레 냄비에 맛있는 음식을 요리해서 먹을거예요!	
	우리 친구 엄마께서 너~무 좋아하시겠어요. 집에가서 엄마랑 맛있게 요리해서 먹어 보아요. 다음은 누가 해 볼까요? 앞으로 나와서 만든 것을 이야기해 주세요~	나는 친구들이랑 함께 가지고 놀 수 있는 딸랑이를 만들었어. 예쁘지? 이 딸랑이를 보면 친구들이 좋아할	

		거라고 선생님께서 그러셨어. 나는 여기 동그란데에 예쁜색으로 붙이고 그 안쪽에는 태극기 모양을 색종이로 오려서 붙였어. 그리고 옆에는 실로 곱표모양으로 해서 꾸미고 거기에 색종이로 예쁘게 싼 병뚜껑을 실에 달아서 붙였어. 그리고 이렇게 돌리면 딸랑딸랑 소리가 난다. 다른 소리 들리지?	
	와~정말 딸랑딸랑 소리가 나는 것 같아요. 친구들과 같이 가지고 놀면 멋진 놀이가 될 거예요. 우리 친구 잘봤어요. 오늘 모두 수고했어요~ 자기가 썼던 물건이나 쓰레기는 모두 모두 치우고 정리합니다. 그리고 쓰레기는 쓰레기통에 버리고 가위와 풀은 제자리에. 자기가 가져온 물건은 가방에 넣습니다.		
	자! 주위를 둘러 보세요. 깨끗한가요? 그래요~ 우리 친구들은 만들기도 좋지만 정리정돈도 잊으면 안돼요. 자, 모두 앉으세요.(앉는다)	네. 깨끗해요.	

	오늘은 엄마가 부엌에서 자주 쓰시는 냄비에 대해서 알아봤어요. 어떤 냄비가 있었죠?	손잡이 달린 냄비, 손잡이 한 개 있는 냄비! 유리로 투명하게 보이는 냄비!! 뚝배기라는 것도 있었어요.	
	맞아요~냄비라고 하면 한 가지만 있는 줄 알았는데, 오늘은 옛날에 썼던 냄비인 뚝배기도 봤고, 또 중국집에서 쓰는 중국냄비도 봤어요. 냄비의 종류가 아주아주 많죠? 그래요~ 이렇게 냄비들도 모양마다 쓰는 용도가 다르고 음식도 달랐어요. 엄마께서 이렇게 많은 냄비를 사용하고 계시고, 우리에게 맛있는 음식을 해 주시려고 다양한 냄비를 사용하고 계시겠죠?	네! 우리 엄마도 냄비에 요리하세요~	
	그런데 오늘 우리는 냄비의 모양을 이용해서 어항도 만들고, 자신의 얼굴도 만들어 보고, 코펠로 케이크도 만들어 봤어요. 그리고 선생님은 모자를 만들었어요. 어때요? 냄비모양을 이용해서 재미있는 것을 다양하게 만들 수 있죠? 집에 가서도 더 많은 모양을 만들어 보고 냄비의 쓰임을 알아보아요~ 하지만 냄비를 모두 꺼내어서 하면 부엌이 지저분해질 수 있겠죠?		

	정리정돈을 하면서 하기로 약속합니다~ 다음 시간에는 냄비 안에 있는 음식을 무엇으로 그릇에 옮길 수 있을까요? 네! 숟가락으로 국물을 옮길 수도 있지만 국자를 많이 사용하죠~ 국자에 대해서 알아보도록 할거예요~ 우리집 국자는 어떻게 생겼는지 꼭 관찰하고 오도록 해요. (손유희 인사)	 숟가락이요~~~ 국자요!! 네~~~	
평가	1. 냄비의 쓰임새에 대해 이해하였는가? 2. 냄비를 여러 가지 재료를 사용하여 창의적으로 꾸밀 수 있었는가?		

부분수업 계획안 4

활동주제	온도계를 사용해요.	대상연령	7세
활동목표	1. 온도계의 구조와 사용법을 알 수 있다. 2. 각각 다른 온도에서 온도계의 눈금이 어떻게 변하는지 알 수 있다. 3. 온도계의 눈금의 변화에 따라 신체로 표현해 볼 수 있다.		
활동자료 및 준비물	온도계, 수조, 뜨거운 물, 얼음물, 색테이프, 온도계 모형, 온도계를 보는 그림자료		
활동전개과정	교사	유아	비고
	이번주는 여러 가지 도구에 대해서 알아보고 있어요. 친구들, 오늘 무엇에 대해 배우기로 했죠? 그래요. 오늘은 온도계에 대해 배울거예요. 친구들, 온도계를 본 적이 있나요? 온도계를 본 친구도 있고 보지 못한 친구도 있네요. 그런데 선생님 이야기하는 것을 들어보면 아마 한번씩은 본 적이 있다고 생각하게 될꺼예요. 우리 친구들~ 감기에 걸리면 몸에 열이 나죠? 그러면 병원에 가서 몸에 얼마나 열이 많이 나는지 어떤 도구로 알아볼 수 있답니다. 그때 사용하는 도구가 여러 가지 온도계 중에서 하나예요. 그럼 온도계에 대해 자세히 알아보기로 할까요?	온도계요~ 네~ 아니요~ 네~	

	온도계는 온도를 알 수 있게 해 주는 도구랍니다. 그런데 온도계가 말해주는 온도라는 것이 뭘까요? 온도는 차갑고 따듯한 정도를 숫자로 나타낸 것을 말해요. 이해하기가 조금 어렵죠? 그래서 선생님이 커다란 온도계를 준비해 왔어요. (온도계 모형을 보여주면서)온도계는 손잡이랑 붉은막대, 구부(동그란 부분)로 되어 있어요. 손잡이는 우리가 손으로 잡는 부분이고, 여기 붉은 막대가 바로 온도를 나타내는 거예요. 따뜻하면 붉은 막대가 이렇게~(빨간막대를 올리며)올라가요. 이것은 '온도가 높아진다'라고 해요. 그리고 추우면 이렇게~(빨간막대를 내리며) 내려가요. 이것은 '온도가 낮아진다'라고 해요. 구부는 동그런 부분이라는 뜻인데, 우리가 몸으로 온도를 느끼는 것처럼 온도계는 여기에서 차고 따뜻한 온도를 느끼고 붉은 막대를 움직인답니다. 그러면 우리 온도계로 온도가 올라가고 내려가는 것을 직접 실험해 볼까요? 먼저, 뜨거운 물에 이 온도계를 넣	몰라요~ 잘 모르겠어요~ 네~	

	어 볼께요. 자~넣었어요. 이제 빨간막대가 어떻게 되는지 살펴봐요. 어때요? 그래요~ 올라가죠? 어, 그런데 빨간 막대가 올라가다가 멈췄네요. 친구들, 이 빨간막대가 멈춘 곳의 숫자가 바로 온도예요. 그럼 이번에는 온도계를 얼음물에 넣어 볼께요. 빨간막대가 어떻게 되죠? 그래요~ 내려가죠? 내려가다가 또 어떻게 됐죠? 조금 전처럼 멈췄죠? 이 빨간막대가 멈춘 곳 역시 온도에요. 뜨거운 물에 넣은 온도계의 빨간막대는 이만큼 ~얼음물에 넣은 온도계의 빨간막대는 이만큼~ 어느 막대가 더 높이 올라갔나요? 맞아요~ 온도계가 뜨거운 물에서는 이렇게 높은 온도를 말해 주고 얼음물에서는 낮은 온도를 말해줬어요. 그렇죠? 그럼 이제 우리 친구들이 빨간막대가 되어서 온도를 표현해 볼꺼예요. 친구들 빨간막대가 올라가면 어떻게 표현하는게 좋을까요? 그러면 빨간 막대가 내려가면요?	올라가요~ 내려가요~ 멈췄어요. 뜨거운 물이요~ 네~ 자리에서 일어났으면 좋겠어요. 자리에 앉았으면 좋겠어요.	

	그러면 이제 뜨거운 물에 온도계를 넣어 볼께요. 친구들 빨간막대가 어떻게 됐나요? 이제는 얼음물에 넣어 볼께요. 지금은 빨간 막대가 어떻게 됐나요? 다시 뜨거운 물에 넣어 볼께요. 빨간 막대가 어떻게 됐죠? 다시 얼음물에 넣어 볼께요. 이번에는 어떻게 됐나요? 우리 친구들 잘 표현해 주었네요. 이제 온도가 올라가고 내려가는 것에 대해 알 수 있겠나요? 이제 온도계 보는 법을 알아 볼까요? 온도계의 온도를 볼 때는 빨간 막대의 끝과 눈을 같은 높이에 맞춰서 봐야 해요. 위에서 보거나 아래에서 보면 정확한 온도를 볼 수 없어요. 그럼 우리 친구들이 한 명씩 나와서 온도계를 보도록 해요. 오늘 우리친구들 온도를 잘 알 수 있게 해주는 온도계에 대해 알아보았는데 어때요? 이해가 되었나요? 그럼 내일은 무게를 잴 수 있는 저울에 대해서 알아보도록 해요.	(자리에서 일어난다.) 올라갔어요~ (자리에 앉는다.) 내려갔어요. (자리에서 일어난다.) 올라갔어요~ (자리에 앉는다.) 내려갔어요~ 네~~ 네~ 네~ (한 명씩 온도계를 본다.) 신기했어요~ 네~ 재미있었어요.	
평가	1. 온도계의 구조와 사용법에 대해 잘 이해하였는가? 2. 각각 다른 온도에서 온도계의 눈금이 어떻게 변하는지 알 수 있었는가? 3. 온도계의 눈금의 변화를 신체로 잘 표현하였는가?		

각종 생활도구 서로 관련된 것 대응하기 (수)

♠ **활동목표** : 일상생활에 필요한 도구를 안다.
상황에 맞는 도구를 짝지을 수 있다.

♠ **활동자료** : 도구를 사용하는 그림카드(청소하는 모습, 머리 빗는 모습, 못을 박는 모습, 부엌에서 도마를 사용하는 그림, 가위를 사용하는 모습, 도화지에 그림을 그리는 모습, 물을 마시는 모습, 양치하는 모습 등), 도구그림(빗자루, 빗, 망치, 칼, 가위, 크레파스, 컵, 칫솔) 찍찍이, 상자 2개

♠ 만드는 방법

〈도구를 사용하는 상황의 그림〉

1. 도구를 사용하는 상황을 그림을 그려 색칠하고 오린다.
2. 12×20cm의 카드에 붙인다.
3. 코팅한 다음 도구가 필요한 부분은 보들이를 붙인다.

〈도구그림〉

1. 그림카드와 관계되는 여러 가지 도구의 그림을 그려 색칠한다.
2. 도구그림을 오려서 코팅한 다음 까칠이를 붙인다.

〈상자 만들기〉

1. 그림카드와 도구를 담을 상자를 만든다.

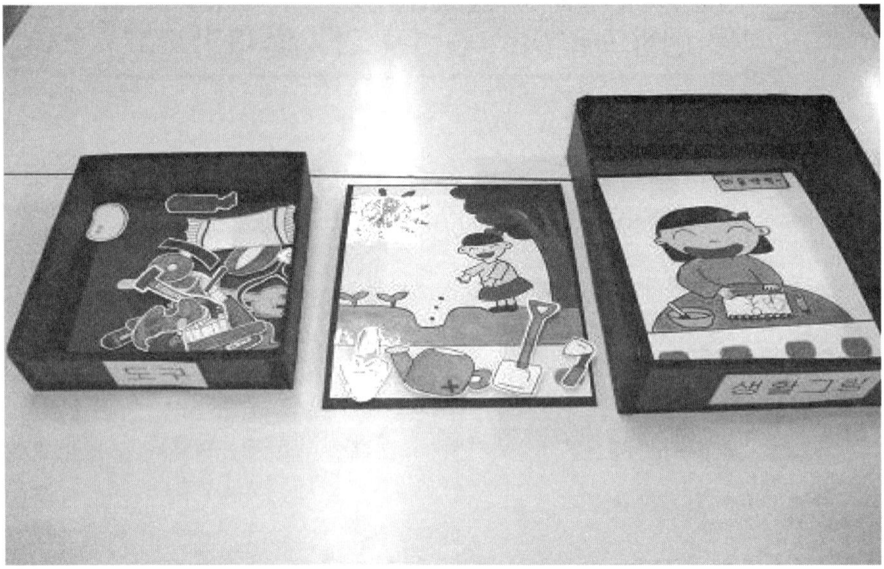
도구
생활그림

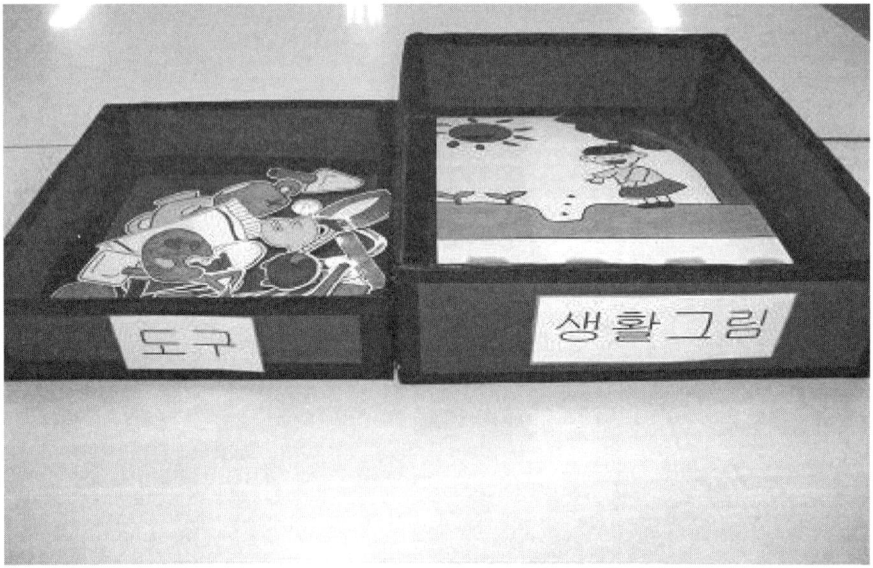
도구
생활그림

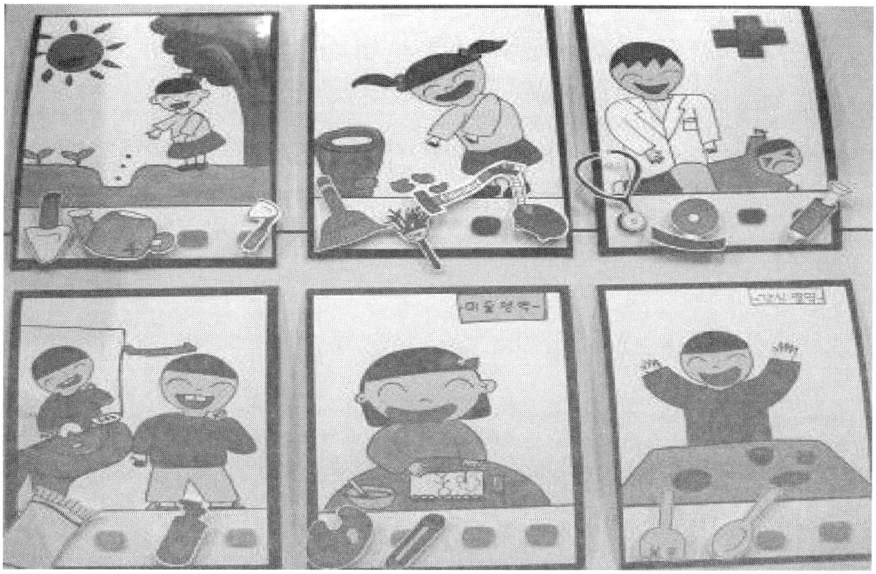

♠ **활동내용**

1. 그림카드를 책상 위에 펼쳐 놓는다.
2. 카드의 그림을 보면서 상황을 이야기한다.
   - (그림카드를 보면서) 이 그림은 무엇을 하는 것일까?
   - 어떤 도구가 필요할까?
3. 그림카드의 상황에 맞는 필요한 도구를 찾아 그림카드에 붙인다.
   - 어떤 도구가 필요할까?
   - 이 도구로 또 무엇을 할 수 있을까?

4 그림카드의 상황에 맞는 도구가 붙여졌는지 확인한다.

도구이름 낚시하기(언어)

♠ **활동목표** : 도구의 이름을 알고 글자를 연관시킬 수 있다.
눈과 손의 협응력을 기른다.

♠ **활동자료** : 낚싯대, 신문지, 하드보드, 한지(파랑, 갈색), 무색시트지 클립, 도구글자, 도구그림카드, 상자 2개, 어항 모양판 2개, 파랑색 도화지

♠ **만드는 방법**

〈낚싯대 만들기〉

1. 나무막대에 낚시줄을 연결한다.
2. 낚싯줄에 자석을 부착한 모형 물고기를 단다.

〈바다모형 만들기〉

1. 하드보드 40×23cm를 둥글게 잘라 파랑색 한지를 붙인다.
2. 무색시트지로 싼다.
3. 신문지를 둥글게 구긴 후 갈색 한지로 싼다.
4. 파란색 둥근판 위에 2단으로 벽돌모양으로 쌓아 글루건으로 고정한다.

〈도구글자와 그림카드 만들기〉

1. 여러 가지 도구글자들을 자른다.
2. 도화지 5×2.5cm 크기에 붙인다.
3. 코팅한 후 클립을 끼운다.
4. 도구그림을 인터넷이나 그림으로 그린 후 코팅한다.

〈어항모양〉

1. 파랑색 도화지를 어항 모양으로 2개 자른 후 코팅한다.
2. 하드보드로 도구글자(10×10)와 도구그림(10×10)을 담을 상자를 만든다.

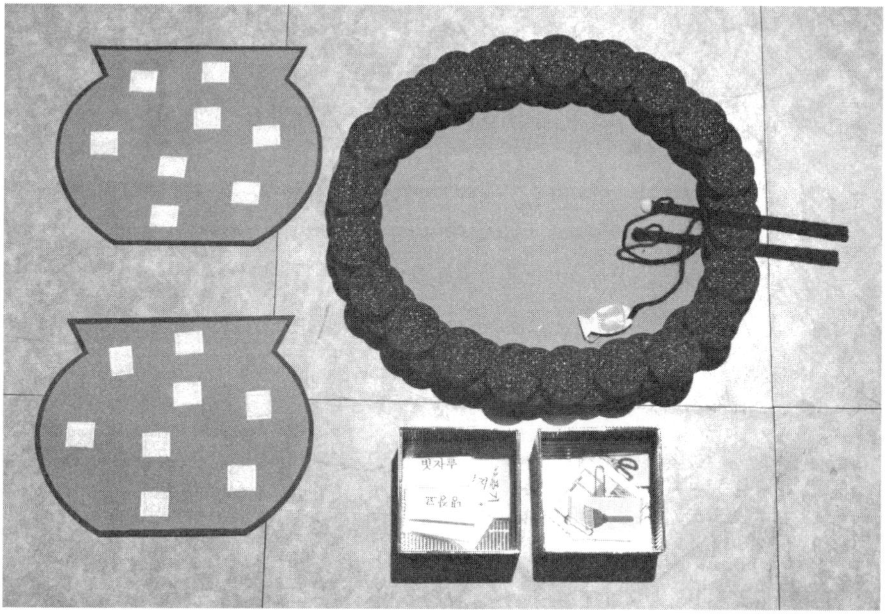

가위
선풍기
쓰레받기
가스레인지

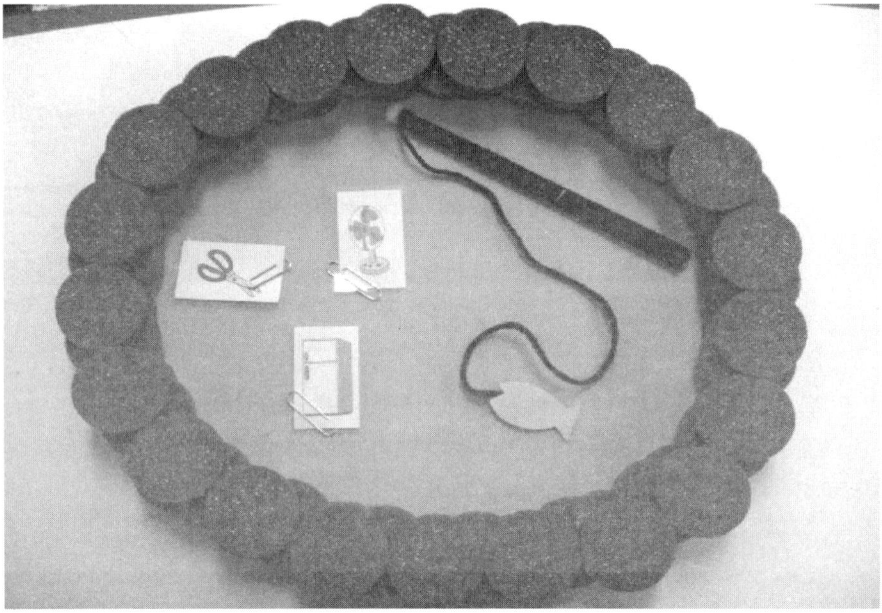

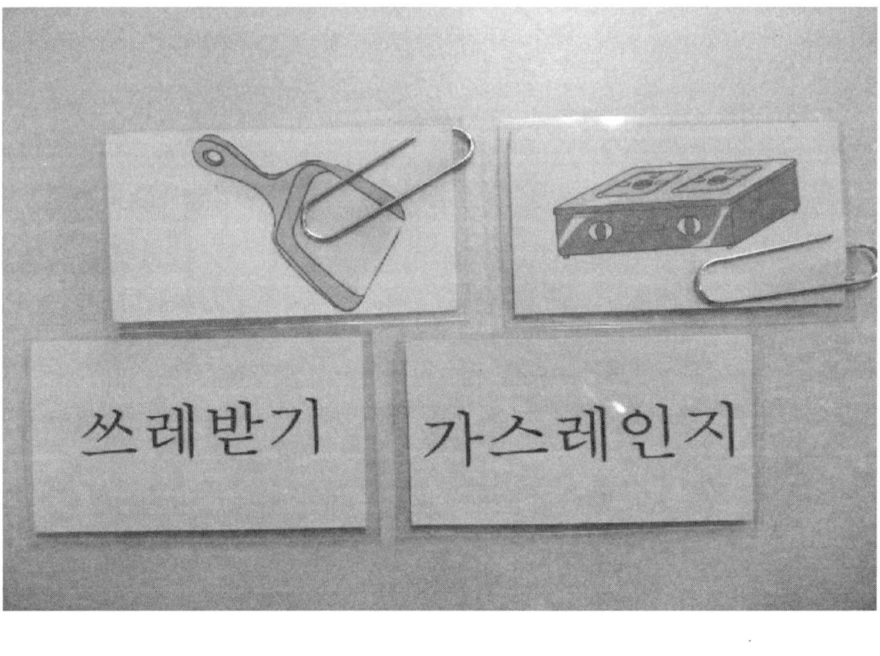
쓰레받기
가스레인지

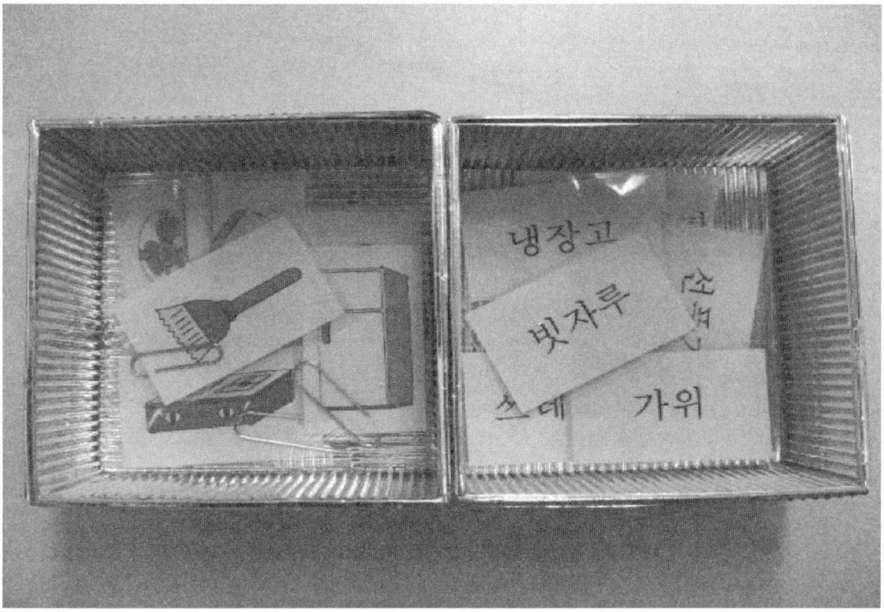
냉장고
빗자루
가위

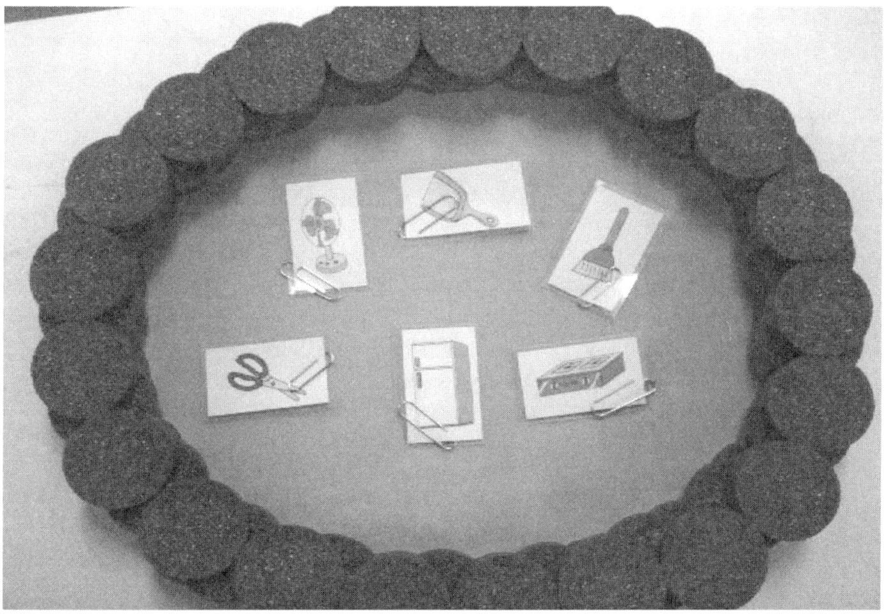

♠ **활동내용 :**

1. 바다모형과 낚싯대, 도구그림카드를 책상 위에 놓는다.
   - 낚시를 해 본 적이 있니?
   - 낚시를 하려면 무엇이 필요할까?
2. 바다모형 속에 도구글자를 넣는다.
3. 2명의 유아가 순서를 정한 다음 어항 모양을 하나씩 가진다.
4. 바다모형 속의 글자를 낚싯대로 낚는다.
5. 유아가 낚은 도구글자를 읽는다.
   - 어떤 글자인지 읽어 볼 수 있겠니?
   - 글자를 읽지 못하는 유아는 교사가 읽어 주거나 게임을 함께하는 친구가 읽어 준다.
6. 글자와 같은 도구그림을 찾아 어항 안에 놓는다.
   - 글자에 맞는 그림을 찾아 볼수 있겠니?
   - 어항에 담아볼 수 있겠니?
7. 바다모형 속에 있는 도구 글자를 모두 낚으면 정리한다.

주제 4. 겨울

주간교육계획안

생활 주제	겨울		추정 기간	11월 넷째주	
활동 목표	겨울철의 날씨 변화와 계절적 특성을 이해하게 하고 동, 식물의 겨울나기에 대해 알아본다.				
활동 형태/요일	월	화	수	목	금
자유선택활동	* 겨울을 나타내는 사진, 그림제시 * 방안의 변화를 찾아내기 * 김장 사진 (그림제시) * 소꿉방 대청소의 날 * 겨울 그림 그리기 * 환경구성이 바뀐 것 관찰하기 * 겨울날씨, 겨울놀이, 크리스마스에 관한 책보기 * 4계절 분류놀이 하기 * 주말그림그리기, 잡지 오려 붙이기, 밀 가루점토 빚기 * 주말에 지낸 일 녹음하기	* 김장 재료 모으기 * 사람들의 겨울준비 자료 * 젖은 종이에 분필그림 그리기, 점토놀이 * 노래 '눈이 내리면' * 계절별로 입은 옷의 사진과 옷감 전시하기 * 겨울의 생활에 관련된 실물 전시하기 * 촉감놀이 * 옷 입히기 놀이 * 겨울의 생활에 관한 책보기 * 겨울 풍경 꾸미기, 눈 온 날의 풍경 * 그리기 트렘블린 놀이	* 눈송이 모빌 꾸며 놓기 * 눈오는 과정, 눈을 확대한 사진 눈에 관련된 활동에 관한 사진 제시하기 * 눈에 관한 노래와 음악듣기 * 눈에 관한 책 보기 * 점토 눈사람, 솜 눈사람 만들기 * 겨울철 놀이에 관한 그림이나 사진 제시하기	* 이불 구르기 * 식물의 겨울준비 자료 * 양초 그림 그리기 * 김장 가족 (손가락 인형)	* 디오라마 '동물의 겨울집' 꾸미기 * 동물의 거울의 준비 자료 * 도토리, 솔방울, 밤 전시 * 식물의 겨울잠 재우기

대·소 집단활동	실외 놀이		바깥놀이		겨울철 식물관찰	
	이야기 나누기	우리 집을 따뜻하게 하려면	사람들의 겨울준비	김장 담그기	식물의 겨울 준비	동물의 겨울 준비
	작업	그림그리기 '따뜻한 우리집', 점토놀이, 젖은 종이에 분필그림	털장갑 만들기		털실구성하기 솔방울 장식하기	막대 인형 만들기 (두 얼굴의 곰인형)
	음악	어디서 살까? (노래)	눈꽃새 / 눈이 내리면 (노래)	김장 (노래)	춥지 않을까?	물속의 곰
	율동 및 표현하기	삐뚤 삐뚤 / 안마를 합시다	눈싸움 (자유표현)		쌩쌩 부는 겨울바람 표현하기	얼음 위를 걷는 모습 표현하기
	게임	장갑끼고 돌아오기	빨간 털모자 쓰고 돌아오기	자리바꾸기	다람쥐의 알밤 주워오기	곰의 먹이 주워오기
	동화	북풍의 선물한 보자기 / 솔이의 털오바	성냥팔이 소녀		토돌이의 겨울준비	아기곰 우꾸 (이야기 꾸미기 및 동화) / 소식전하는 곰 (이야기 꾸미기)
	동극	솔이의 털오바				
	동시	겨울 발소리	겨울바람	우리의 겨울		아기곰
	과학		얼음만들기		콩나물키우기	

일일교육계획안 1

활동주제	동물들의 겨울나기	대상연령	만 4세
활동목표	1. 겨울 날씨의 변화에 대해 안다, 2. 동물들의 겨울나기에 대해 알 수 있다.		
활동자료 및 준비물	출석판, 이름표, 카세트, 음악 테이프		
활동전개과정	교사	유아	비고
등원 및 자유 선택 활동 (8:30~9:50)	교사는 등원하는 유아를 반갑게 맞이하여 유아의 기분과 건강을 살핀다. 교사는 음악을 들려주는 것으로 계획하기 시간임을 알려 준다. 새로운 교재와 교구를 소개하고 유아가 자유롭게 활동을 할 수 있도록 돕는다.	유아는 가방, 옷, 신발을 사물함에 정리하고 출석판에 자신의 출석을 표시한다. 그날의 교구와 교재를 소개받고 자유롭게 선택활동을 한다.	교구
정리정돈 및 하루 소개 (9:50~10:00)	인사하기(날씨, 날짜와 요일 인사) 하루 일과 소개하기 (계획하기 : 교재, 교구 소개 →자유선택 활동→정리정돈 및 회상하기→이야기 나누기→미술활동→점심시간→게임→동화→ 하루 평가→귀가지도)		
이야기 나누기 (10:10~10:40)	(괜찮아요 노래를 유아들과 같이 부르며 주의를 집중시킨다.) 오늘은 선생님하고 무엇에 관하여 이야기하기로 했는지 기억하는 친구 있나요? 그래요. 잘 기억하고 있네요. 오늘은 동물들은 추운 겨울을 어떻게 지내는지에 대해 이야기 하려고 해요. 우리 지난 시간에 겨울 날씨에 대한 이야기를 나누었지요? 겨울이 되면 날씨가 어떻게 되나요?	잘 모르겠어요. 겨울잠을 자는 동물이요. 추워져요. 바람도 쌩 불어요. 눈이 와요.	겨울에 잠을 자는 동물들에 대한 사진자료

이야기 나누기 (10:10~10:40)	그래요 날씨가 아주 많이 추워져요. 그래서 밖에 나가서 잘 놀지 못하고 두거운 옷도 입어야 해요. 우리는 추울 때 두꺼운 옷이나 목도리, 장갑들로 몸을 보호할 수 있어요. 그럼 동물들은 어떻게 겨울을 지낼까요? 그래요 집안에서 따뜻하게 살 수도 있겠네요. 하지만 고양이나 강아지처럼 집안에서 키울 수 있는 집짐승도 있지만 집에서 키울 수 없는 곰 뱀 개구리 거북이와 같은 들짐승들은 어떻게 할까요? 곰은 가을에 먹이를 잔뜩 먹은 후에 겨울이 되면 굴 속으로 들어가 잠을 잔대요. 그런데 가끔은 먹어둔 음식이 적으면 배가 고파 겨울이라도 나와서 먹이를 찾아다니는데 이때 사람이나 다른 짐승들이 곰을 만나게 되면 위험하다고 해요. 뱀은 땅 속이나 바위틈에서 겨울잠을 자고 , 개구리들은 땅 속에서 겨울잠을 잔대요. 겨울잠을 자는 동안 알을 낳고, 봄이 되면 깨어난대요. 그리고 다람쥐나 개미는 먹을 것을 봄, 여름, 가을 동안 열심히 모아두고 겨울이 되면 열심히 모아둔 먹이를 먹으면서 땅속이나 동굴 속에서 추운 겨울을 보낸 답니다. 그런데 동물들만 겨울 잠을 자는	예. 겨울 잠을 자요. 집에서 살면 되요. 모르겠어요.	

	걸까요? 선생님이 백과사전을 찾아 봤는데 나무도 겨울잠을 잔대요. 내일은 식물들은 겨울을 어떻게 보내는지 이야기해 보기로 해요.	네~~ 아니요. 네.	
미술활동 (10:40~11:20)	그럼 우리 오늘 알아보았던 겨울잠을 자는 동물들을 그려 보는 거예요. 선생님이 분단마다 큰 종이를 한 장씩 주실거예요. 종이에 친구들과 같이 겨울잠을 자는 동물들을 그려 보는 거예요. 화장실 다녀 올 친구들은 조용히 다녀오구요. 나머지 친구들은 크레파스를 가지고 자리로 갑니다. (분단 별로 활동하고 교사는 소그룹 형태로 지도한다. 완성되면 분단별로 발표하는 시간을 가진다.)		전지, 크레파스
정리정돈 (11:20~11:30)	미술활동이 끝나면 교실을 정리하고 손을 씻는다.		
음률활동 (11:30~12:10)	(커다란 곰 노래를 유아들과 같이 부르며 주의를 집중시킨다.) 이번에는 선생님과 새로운 노래를 배워 볼 꺼예요. 먼저 여기 노래판을 보세요. (노래판을 보여주며 동시처럼 읽어 준다.) 이번에는 피아노 소리를 한번 들어 볼까요? (전체 곡을 피아노로 들려주고 한 소절씩 따라 부르게 한다.) 어때요? 노랫말에서 토끼는 겨울이 되면 무엇을 먹고 산다고 했나		새 노래판 (토끼야)

	요? 그래요. 엄마 아빠가 여름 동안 모아 놓은 맛있는 먹이를 먹으며 산다고 했어요. 이번에는 우리 토끼야 노래로 예쁜 손노래를 만들어 봐요. (아이들과 노랫말에 맞는 율동을 의논해서 만들어 본다.) 이제 우리 친구들이 만든 손유희를 하면서 멋지게 한번 불러 보도록 해요. (아이들과 같이 불러 본다.) 우리친구들 너무 멋지게 잘해 주었어요.	엄마랑 아빠랑 모아놓은 먹이요.	
점심시간 (12:10~13:10)	점심 시간이 되었네요. 오늘 선생님을 도와줄 도우미 친구가 누구죠? 그래 오늘 도우미 친구는 선생님과 식탁 차리기를 해요.	식사 기도 후 식사 양치질하고 주변정리	도시락통 칫솔 치약
게임 (13:10~13:40)	점심은 맛있게 먹었나요? 오늘은 우리가 겨울을 보내는 동물에 대해서 이야기했어요 동물들은 겨울을 어떻게 보낸다고 했나요? 그래요 잘 기억하고 있네요. (게임판을 보여주며) 여기 다람쥐는 겨울을 어떻게 보내나요? 그래요 다람쥐는 알밤이나 도토리를 물어다가 큰나무의 구멍에	네. 겨울잠도 자고 여름 동안 먹이를 모아두고 겨울에 먹어요. 먹이를 열심히 모아다가 겨울에 그거 먹으면서요.	게임판 말

	모아두고 겨울 내내 그것을 먹으면서 잠을 잔다고 했어요. 여기 다람쥐가 겨울 동안 먹을 식량을 구하는 게임활동이 있어요. 우리 이것을 가지고 어떻게 활동하면 좋을까? (주사위에는 밤으로 숫자를 표시해 놓고 한쪽 면에는 여우 그림을 그려 놓는다. 밤이 많이 그려져 있는 쪽에서 시작해서 가지가 남은 밤나무에 먼저 도착하는 팀이 이긴다.) 팀과 말을 나누어 가진 다음에 순서를 정해서 주사위를 던져서 나온 알밤의 수만큼 말을 옮기면 되는 거예요. 그래서 먼저 가지만 남은 밤 나무에 도착한 팀이 이기는 거예요. 그리고 중간에 여우가 나오면 한번 쉬는 거예요, 여우는 다람쥐가 모아둔 알밤을 빼앗을 수 이 있으니까요. 재미있었어요? 이 교구는 선생님이 조작영역에다 둘 거예요. 친구들과 자유선택활동 시간에도 하도록 하세요~	(유아들의 의견을 반영 하면서 게임의 규칙을 정한다.) 네~ 네.	
동화 (13:40~14:00)	(동화 듣는 노래를 교사가 먼저 시작하면 아이들이 따라서 한다.) "토돌이의 겨울준비"라는 동화를 읽어 준다.		동화책
회상하기 및 귀가지도 (14:00~14:20)	오늘은 선생님과 함께 동물들의 겨울나기에 대해 알아 봤어요. 재미있었나요?	네.	

	동물들은 겨울을 어떻게 지내다고 했나요? 그래요 우리 친구들이 잘 기억하고 있네요. 그런데 동물들만 겨울잠을 자나요? 내일은 식물들의 겨울 나기에 대해서 알아보도록 해요. (헤어지는 인사 노래 부르고 귀가한다.)	겨울잠도 자고 알도 낳고 먹이도 먹어요. 아니요. 식물들도 겨울잠을 잔다고 해요.	
평가	1. 겨울 날씨의 변화에 대해 알 수 있었는가?, 2. 동물들의 겨울나기 에 대해 알 수 있었는가?		

일일교육계획안 2

활동주제	겨울이 되었어요	대상연령	만 5세
활동목표	1. 계절의 변화를 알고 계절의 특성을 알 수 있다. 2. 겨울을 따뜻하게 보내는 방법을 알 수 있다. 3. 겨울의 날씨 변화에 대해 알 수 있다.		
활동자료 및 준비물	이야기 나누기 – 그림자료		
활동전개과정	교사	유아	비고
등원 및 자유 선택 활동 (8:30~10:30)	등원 – 밝은 표정으로 개별적으로 유아를 따뜻하게 맞이하며 유아의 심리적 · 신체적 상태를 파악한다. 유아는 유아 스스로 소지품들을 정리한다.		
	자유선택 활동 – 교사와 유아는 그날의 활동 계획을 한다. 계획은 되도록 짧게 하고 각 개인 유아의 요구가 반영되도록 하며, 계획이 된 유아는 곧 활동을 하도록 한다. ♠ 미술활동 영역 눈송이 만들기, 장갑 만들기 ♠ 언어활동 영역 그림 순서대로 말하기(눈사람이 녹아요.) 동화(말소리가 얼어붙은 나라) 동시(눈 위를 가면) ♠ 음률활동 영역 "호호", "눈 굴리기" ♠ 조작활동 영역 재미있는 눈놀이 눈사람 만들기		교구
정리 정돈 및 화장실 다녀오기 (10:30~10:50)	정리의 음악 소리를 들으면서 유아들은 자신이 가지고 놀던 놀잇감을 제자리에 정돈하고 카펫으로 모인다.		
이야기 나누기 (10:50~11:20)	여러분 재미있는 활동들 많이 했나요? 오늘 유치원 올 때 날씨가 어땠나요? 그래요 날씨가 많이 추웠죠? 친구들 춥다는 것을 어떻게 알	네 ~ 선생님 추웠어요. 손이 시러워요.	그림자료

이야기 나누기 (10:50~11:20)	수 있나요? 그래요. 그럼 왜 이렇게 날씨가 추워졌을까요? 오늘은 이렇게 겨울이 되면 우리의 주변이 어떻게 달라지는지 이야기해 보도록 해요. 겨울이 되면서 친구들이 입고 있는 옷이 어떻게 달라졌나요? 그럼 옷 말고 겨울이 되면서 달라진 것이 있나요? 나무는 어떻게 달라졌나요? 그래요 나뭇잎 들이 떨어지기도 했지요? 그럼 동물들은 무엇을 할까요? 그럼 이제 우리 친구들이 이야기해 본 것과 선생님이 준비한 그림을 보면서 계절이 어떻게 달라졌는지에 대해 더 알아봅시다. (여름옷 그림을 보여주며) 그림 속 친구의 옷차림이 어떤가요? 그래요 아주 잘 보았군요. 이 그림에 친구의 옷차림은 어떤 계절에 생활하는데 알맞을	얼음이 얼어 있었어요. 바람이 많이 불어서요. 겨울이라서요. 네. 선생님 두꺼워졌어요. 코트를 입어요. 마스크도 해요. 나무요. 나뭇잎 색깔이 달라요. 나무에 나뭇잎이 없어요. 겨울잠을 잔대요. 색깔이 바뀌는 동물도 있대요. 네. 선생님 반 팔 옷이요. 모자도 썼어요. 여름이요.	

	까요?	더울 때요.	
	그럼 겨울이 되면 어떻게 옷차림이 변하는지 볼까요?	네.	
	(겨울옷 그림을 보여주며) 옷차림이 어떻게 되었나요?	두꺼워졌어요. 목도리를 했어요. 장갑도 꼈어요. 부츠도 신었어요.	
	우리 친구들도 지금 이런 옷 차림을 하고 있지요?	네~	
	(풍성한 나무그림을 보여주며) 그림 속의 나무의 모습은 어떠한가요?	나뭇잎이 많아요. 초록색이예요.	
	그래요. 그런데 이 나무가 겨울이 되면 어떻게 달라질까요? (겨울나무의 그림 제시) 나무가 어떻게 달라졌나요?	나뭇잎이 떨어졌어요. 나무가 추워요.	
	그래요. 이 나무가 봄이 되면 또 어떻게 달라질지 상상해 보세요	새싹이 나요. 초록색으로 바뀌어요. 꽃이 피어요.	
	그래요. 자, 이번엔 그림에 뭐가 보이나요?	개구리요.	
	(봄의 개구리의 모습을 보여 주며) 개구리의 모습이 어떠한가요?	물에서 수영해요. 나뭇잎을 타요.	
	이 그림의 개구리의 모습을 보니 어떤 계절인 것 같나요?	여름 시원해요.	
	(겨울 개구리의 그림 제시) 여기 이 개구리는 무엇을 하고	잠을 자고 있는 것	

	있나요? 맞아요. 개구리는 여름에 활동을 하고요 날씨가 추워지는 겨울에는 땅 속으로 들어가 겨울잠을 잔다고 해요. 곰과 뱀도 겨울잠을 잔다고 해요. (푸른 잔디밭 그림을 제시) 어떤 기분이 드나요? 그렇죠? 여기 이 그림에는 나비도 있고 예쁜 꽃들이 있는 것을 보니 아주 따뜻한 것 같아요. (겨울철의 그림 제시) 이 그림은 어떤 계절인 것 같나요? 우리 친구들은 눈이 쌓인 잔디밭의 모습을 본 적이 있나요? (해변에서 수영하는 그림 제시) 그림 속의 친구는 무엇을 하고 있나요? 이렇게 바다에서 수영을 할 수 있는 계절은 언제 일까요? 그래요. 여름이면 물놀이들을 하고 놀지요. 그럼 겨울에는 무엇을 하고 놀까요? 자 그림을 보세요(스케이트 타는 그림을 제시) 그림 속의 친구는 무엇을 하고 있나요? 그래요. 겨울에는 날씨가 추워서 물이 얼면 그 위에서 썰매를	같아요. 네~ 따뜻해요. 예뻐요. 겨울이요. 잔디가 없어요. 없어요. 수영을 해요. 여름이요. 눈사람을 만들어요. 스케이트를 타요. 썰매를 타고 있어요.	

<table>
<tr><td></td><td>타고 논다고 해요.
이렇게 겨울이 되면 달라지는 게 너무나 많아요.
우리 친구들 겨울이 되면 어떤 것 들이 달라진다고 했죠?

그래요~ 잘 기억하고 있네요.
다음 시간에는 우리가 이야기 나눈 것 들을 겨울잠을 자는 동물을 상상하여 그리기를 해 보기로 해요.</td><td>

옷차림이요.
날씨요.
동물들의 생활이요.
나무의 색깔이랑 모습이요.

네~</td><td></td></tr>
<tr><td>미술활동
(11:20~11:40)</td><td colspan="2">겨울잠 자는 동물 상상하며 그리기
겨울잠을 자는 동물들에 대해 알아보고 기본 틀 그림에 색종이를 도화지를 찢어 붙이고 땅 속의 모양을 표현하고 동물, 사람을 그려 본다.</td><td>도화지
색종이
풀</td></tr>
<tr><td>정리정돈
(11:40~12:00)</td><td colspan="2">정리정돈을 하고 손을 씻고 점심식사를 준비한다.</td><td></td></tr>
<tr><td>점심 식사
(12:00~13:00)</td><td colspan="2">도우미가 나와서 점심 식사를 준비한다.
음식을 나누어 주고 감사의 기도 후 식사를 한다.
조용히 사이좋게 식사를 하고 음식을 남기지 않으며 꼭꼭 씹어 먹도록 지도한다.
식사 후 양치질을 하고 주변을 정리한다.
카펫에 조용히 앉아 책 읽기를 한다.</td><td></td></tr>
<tr><td>음률활동
(13:00~13:30)</td><td colspan="2">“눈 굴리기”라는 노래를 배워 본다.
노래를 배우면서 노랫말을 바꾸어 불러 보기도 한다.</td><td>새 노래판</td></tr>
<tr><td>게임
(13:30~14:10)</td><td colspan="2">장갑 끼고 돌아오기
유아가 가져온 장갑의 특성들을 함께 살펴본다.
색깔, 모양, 크기가 다른 장갑의 한 짝을 손에 끼고 다른 한쪽은 원 가운데에 있는 낮은 탁자 위에 올려놓는다.</td><td>장갑</td></tr>
</table>

정리정돈 및 간식 (14:10~14:30)	정리정돈을 하고 간식을 먹는다. 당번이 간식을 나누어 주면 다른 유아들이 다 받을 때가지 조용히 앉아서 기다린다. 친구들이 다 받으면 감사의 기도를 한 후 조용히 간식을 먹고, 뒷정리를 한 후 양치질을 한다.	간식
귀가 (14:30 ~)	내일 활동과 행사에 대한 주의를 전달받고, 하루 일과 중 기억나는 활동에 대해 잠깐 회상을 하고 가방을 정리한다. 귀가 지도를 한다.	
평가	1. 계절의 변화를 알고 계절의 특성을 알 수 있었는가? 2. 겨울을 따뜻하게 보내는 방법을 알 수 있었는가? 3. 겨울의 날씨 변화에 대해 알 수 있었는가?	

계절과 관련된 그림카드 분류하기(언어)

♠ **활동목표** : 계절에 따른 자연의 변화를 안다.
그림카드를 보고 이야기해 본다.

♠ **활동자료** : 돌림판(계절그림), 계절 병풍(봄, 여름, 가을, 겨울), 사계절 그림카드 각 3장, 그림카드 상자, 찍찍이

♠ **만드는 방법**

〈돌림판〉

1. 색지로 18×18cm 둥근판을 만들어 가운데 구멍을 뚫는다.
2. 둥근판을 6등분하여 봄, 여름, 가을, 그림을 그려 넣고 글자를 잘라 붙인다.
3. 2등분은 다른 친구에게 한 장 주기와 한 번 더 하기의 글자를 잘라 붙인다.
4. 둥근판을 코팅한 후 우드락에 붙여 화살표를 끼워 완성한다.

〈병풍 만들기〉

1. 봄, 여름, 가을, 겨울 그림을 그린다.
2. 하드보드 10×25cm 4장을 잘라 연결한다.
3. 봄, 여름, 가을, 겨울의 글자를 상단에 붙인다.
4. 보들이를 붙인다.
5. 병풍 2개를 만든다.

〈사계절카드 만들기〉

1. 카드크기 7×7cm 봄과 관련된 그림 3장, 여름과 관련된 그림 3장, 가을과 관련된 그림 3장, 겨울과 관련된 그림 3장을 그려 코팅한다.
2. 코팅한 것을 자른 후 뒷면에 까칠이를 붙인다.

〈상자 만들기〉

1. 하드보드로 10×10cm 정도의 그림카드를 담을 상자를 만든다.
2. 투명시트지를 입힌 후 앞면에 글자 사계절 카드라고 붙인다.

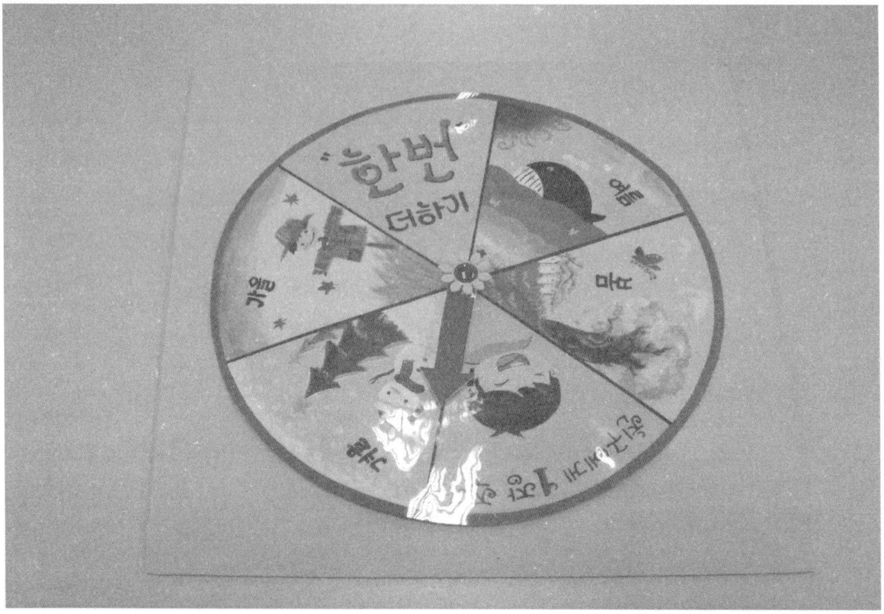
한번
더하기
여름
봄
가을
겨울

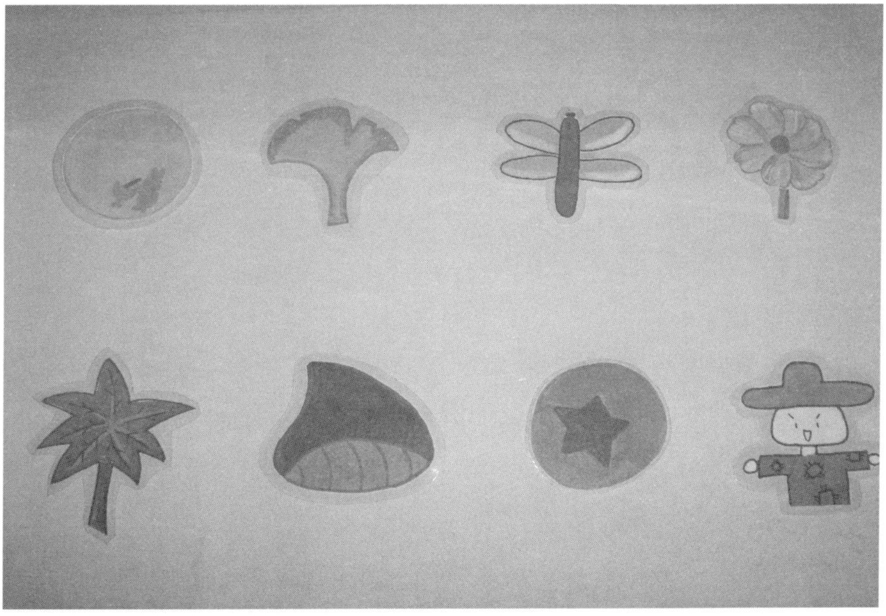

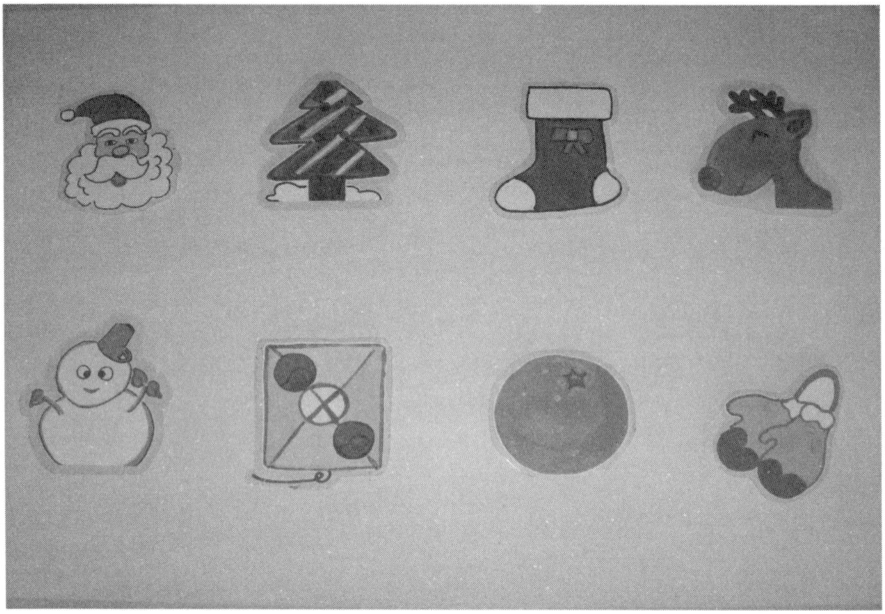

♠ 활동내용

1. 우리 나라에는 어떤 계절이 있을까?
   - 봄은 어떻게 알 수 있을까?
   - 여름은 어떻게 알 수 있을까?
   - 가을은 어떻게 알 수 있을까?
   - 겨울은 어떻게 알 수 있을까?
2. 돌림판에는 어떤 그림이 있니?
   - 어떤 활동을 할 수 있을까?
   - 돌림판의 화살표를 돌려 화살표가 멈추는 계절의 그림은 병풍에 붙이고, “다른 친구에게 1장 주기”가 걸릴 경우에는 자기가 가져온 카드 1장을 상대 유아에게 준다. “한 번 더 하기”는 다시 한번 더 돌림판을 돌린다.
3. 2명의 유아가 순서를 정한다.
4. 돌림판을 돌려 화살표가 멈추는 곳을 확인한다.

· 화살표가 멈추는 곳은 어떤 그림이니?

· 어떤 계절의 그림일까?

5. 계절에 맞는 그림을 선택하여 병풍에 붙인다.

· 겨울그림을 붙일 수 있겠니?

6. "다른 친구에게 1장 주기"가 걸릴 경우에는 자기가 가져온 카드 1장을 상대 유아에게 준다. "한 번 더 하기"는 다시 한번 더 돌림판을 돌린다.

6. 자기 가지고 온 카드의 그림을 이야기해 본다.

7. 먼저 사계절 그림카드 모두를 찾은 유아가 이긴다.

모자, 장갑, 털장화를 찾아 주세요(수 조작)

♠ **활동목표** : 몸을 보호하기 위해 필요한 것을 안다.
색깔에 따라 분류할 수 있다.

♠ **활동자료** : 5명의 사람 그림카드(옷 색깔: 빨강, 노랑, 파랑, 초록, 보라), 모자 5개(빨, 노, 파, 초, 보), 벙어리장갑 5켤레, 털장화 5켤레, 상자 3개, 찍찍이

♠ **만드는 방법**

〈사람 그림카드〉

1. 빨강, 노랑, 파랑, 초록, 보라색깔 옷을 입은 유아의 모습을 5장 그리고 색칠한다.
2. 도화지로 12×15cm 크기로 5장 자른다.
3. 12×15cm 크기에 색깔 옷을 입은 유아의 그림을 한 장씩 붙인다.
4. 5장의 카드를 코팅한 후 머리, 손, 발에 보들이를 붙인다.

〈털모자, 벙어리장갑, 털장화 그림〉

1. 털모자, 벙어리장갑, 털장화를 색깔(빨, 노, 파, 초, 보)별로 그린다.
2. 코팅하여 자른 후 보들이를 붙인다.

〈털모자, 벙어리장갑, 털장화 담을 상자〉

1. 10×10cm 크기의 하드보드로 잘라 만든다.
2. 털모자, 벙어리장갑, 털장화 담을 상자에 이름을 적어 붙인다.

모자

모자
장갑
장화

·

♠ 활동내용

1 겨울에 대한 경험을 이야기한다.

- 겨울이 되면 날씨가 어때요?
- 추위를 피하려면 어떻게 해야 할까?
- 손을 따뜻하게 보호하기 위해 무엇이 필요할까?
  머리를 따뜻하게 보호하기 위해 무엇이 필요할까?
  발을 따뜻하게 보호하기 위해 무엇이 필요할까?

2. 유아 그림카드와 장갑, 모자, 털장화의 그림을 책상 위에 펼친다.
   - 어떤 활동을 할 수 있을까?
3. 유아가 입고 있는 옷의 색깔에 맞는 모자, 장갑, 털장화를 찾아 그림카드에 붙인다.

주제 5.

곤충

일일교육계획안 1

활동주제	이로운 곤충과 해로운 곤충	대상연령	6세
활동목표	1. 곤충의 특징을 안다. 2. 이로운 곤충과 해로운 곤충의 종류와 우리에게 미치는 영향을 안다.		
활동자료 및 준비물	곤충 (나비, 벌, 거미, 개미, 무당벌레, 바퀴벌레, 모기, 파리) 실물자료 제시		
활동 전개과정	교사	유아	비고
등원 및 활동계획 (8:30~9:00)	등원하는 유아를 맞이한다. 안녕하십니까?	유아들이 등원한다. 안녕하십니까? 유아들은 출석카드에 출석 체크를 하고 가정통신문을 제출한다. 가방을 사물함에 정리정돈 한다.	출석카드 가정통신문
자유선택활동 (9:00~10:30)	각자 흥미 있는 놀이를 선택해서 활동을 한다. ♠ 언어영역 동화를 읽는다. 수수께끼 알아맞히기를 한다. '알쏭달쏭 수수께끼" 책을 보면서 친구들끼리 순서를 정해서 문제를 내고 알아 맞춘다. ♠ 미술영역 종이접기를 한다. 카메라를 접어서 사진 찍기 놀이를 한다. 이면지에 그림을 그리고 오린다. ♠ 조작영역 교구이용 '모를 심어요', '도형 분할 퍼즐', '나무 블록 맞추기' ♠ 과학영역 *양초로 비밀편지 쓰기 *개미 관찰해 보기		

<table>
<tr><td></td><td colspan="2">♠ 역할놀이영역
극놀이 영역에서 친구들과 소꿉놀이를 한다.</td><td></td></tr>
<tr><td rowspan="2">이야기 나누기
(10:30~11:00)</td><td colspan="2">· 손유희
다섯하고 다섯하면 무슨 소리 날까요?
넷하고 넷하면 무슨 소리 날까요?
셋하고 셋하면 무슨 소리 날까요?
둘하고 둘하면 무슨 소리 날까요?
하나하고 하나하면 무슨 소리 날까요?

· 날짜와 요일
오늘은 2003년 12월 11일 목요일입니다.
어제는 2003년 12월 10일 수요일이였습니다.
내일은 2003년 12월 12일 금요일이 됩니다.</td><td rowspan="2">손유희를 통해 주의를 집중시키고 날짜감각을 익힐 수 있다.

여러 곤충의 사진을 제시한다.
유충, 무당벌레, 거미, 바퀴벌레, 진드기

곤충의 특징에 대해 흥미를 유발한다.

그림자료 첨부</td></tr>
<tr><td>(교사가 유아들에게 벌, 나비, 모기, 파리 등 사진을 제시하며)
우리 친구들 이 사진에 나와있는 것들이 무엇인지 알아요?
그래요. 벌과 나비와 모기와 파리 등 여러 가지 그림이 있어요.

이것을 통틀어서 우리는 무엇이라고 부를까요?
우리는 이것을 곤충이라고 불러요.

곤충의 특징에 대해 알아본다.
그럼 우리 친구들이 알고 있는 곤충의 생김새는 어땠나요?

우리 친구들은 곤충에 대해서 그렇게 생각하고 있네요.
곤충은 머리, 가슴, 배, 더듬이, 다리를 가지고 있어요.
곤충에는 이로운 것과 해로운 것이 있음을 설명한다.</td><td>벌이예요.
나비예요.
모기예요.
파리예요. 등
곤충이요.
벌레요.

곤충은요. 크기가 작아요.
징그러워요.
날아다니는 것도 있어요.</td></tr>
</table>

	그런데, 곤충에는 다른 생명체에게 도움을 주며 살아가는 이로운 것과 피해를 주며 살아가는 곤충이 있어요.		
	이로운 곤충의 종류에 대하여 알아본다. (선생님이 준비한 그림자료를 융판에 붙이고) 이 곤충들 중에서 먼저, 이로운 곤충은 어떤 것이 있나요?	벌이요. 나비요. 진드기요.	
	우리 친구들이 말한 것처럼 벌, 나비, 무당벌레 등이 있는데, 친구들이 말한 것 말고도 우리 생활에는 많은 이로움을 주는 곤충들이 있어요.		
	곤충이 어떤 방법으로 이로움을 주는지 알아본다. 이로움을 주는 곤충들 중에서도 벌이나 나비는 날아다니다가 휴식을 취하기 위해서 주로 어디에 앉아 있나요?	꽃이요.	
	벌이나 나비가 꽃에 앉아서 무엇을 하고 있을까요?	꿀을 먹어요.	그림자료 첨부
	꽃에 앉아 있던 벌과 나비의 다리나 몸에는 무엇이 묻어 있는지 친구들 알아요?	꽃가루요. 꿀이요.	
	벌과 나비의 다리나 몸에는 꽃가루가 묻어있어요. 그럼, 이 꽃가루는 어떻게 될까요?	다른 꽃에 옮겨 다니면서 묻어요. 모르겠어요.	
	그래요, 다른 꽃에 꽃가루가 묻으면 그 식물은 어떤 변화가 일어날까?	열매가 맺어요.	
	열매가 맺는다는 것을 알고 있는 친		

	구가 있네요. 열매가 어떻게 맺어지는지 알아요?	아니요.	
	엄마와 아빠가 만나서 아기씨를 만들었어요. 그 아기씨가 자라고 자라서 우리 친구들이 된 것처럼 열매도 벌과 나비나 다른 곤충들이 날아다니면서 옮긴 꽃가루에도 암술과 수술이라는 것이 있어요.		
	그 암술과 수술이 만나서 열매씨를 만들어 줘요. 그 열매가 자라고 자라서 꽃이 되는 거예요.		
	우리 친구들 알겠나요?	예.	교사와 유아의 상호작용을 통해서 이로움을 주는 곤충과 꽃가루의 영향에 대해 알 수 있다.
	그럼, 꽃이 많이 피어 있는 꽃에 벌이 많이 모이는 까닭은 무엇일까요?	꿀을 먹으려고 그래요.	
	맞았어요. 우리가 맛있는 꿀을 먹을 수 있는 것은 벌이 있기 때문이예요. 벌집에 있는 꿀을 사람들이 따서 먹는 거예요.		
	그 밖의 이로운 곤충에 대하여 알아본다. 그리고 그 밖에도 무당벌레와 개미는 진딧물을 먹고 살아요. 그렇기 때문에 나무가 잘 자랄 수 있도록 해준대요.		
	그리고 거미는 파리와 나방 같은 해로운 곤충을 잡아먹고 살아서 우리에게 이로운 곤충이예요.		그림자료 첨부
	우리 친구들 잘 알겠어요?	네.	
	해로운 곤충의 종류에 대해 알아본다. 이제는 우리에게 해로움을 주는 곤충에는 어떤 것이 있는지 알아볼 거예요.		

	(선생님이 준비한 그림자료를 융판에 붙이고) 친구들은 해로운 곤충에는 어떤 것이 있을 것 같아요?	모기요. 파리요.	
	모기, 파리 이외에도 바퀴벌레, 벼룩도 있어요.		
	어떤 해로움을 주는지 알아본다. 그럼 이 곤충들은 우리에게 어떤 해로움을 주는지 이야기해 보도록 해요.	모기에 물렸을 때, 아팠어요.	
	그래요. 이러한 곤충은 우리에게 병균을 옮겨서 병을 앓게 도하고, 해충에 물려 몸이 가렵게도 되고, 환경이 더러워지기도 해요.		
	그럼 이러한 곤충들이 주로 다니는 곳은 어디일까요?	쓰레기통이요. 화장실이요.	
	그래요. 쓰레기통이나 신발장, 화장실과 같은 곳에서 쉽게 볼 수도 있고 우리 친구들이 먹다 남긴 음식물이 버려진 곳에서도 쉽게 발견할 수 있어요.		
	해로운 곤충 중에서 모기가 우리에게 어떤 해로움을 주는지 말해 볼까요?	모기에게 물리면 가려워요.	
	그래요. 모기는 우리의 피를 빨아 먹고 살아가는 곤충이예요. 그리고 모기의 독성 때문에 물리면 가려워줘요.		
	그리고 전염병을 옮기기도 해요.	아~ 그렇구나.	
	배운 내용을 토대로 생활습관을 지도한다.		이야기 나누기를 통해서 청결한 생활습관을 가지도록 지도할 수 있다.
	모기에게 물리지 않으려면 어떻게 해야 할까요?	깨끗이 씻어요.	
	그래요. 잘 씻고 청결한 친구들을 모기는 싫어한대요.		

	우리 친구들은 잘 씻도록 합니다. 다음 시간에는 '고추잠자리'라는 새 노래를 배워보도록 해요. 화장실 다녀올 친구는 다녀와서 제자리에 앉아 있도록 해요.		
새노래부르기 (11:00~11:30)	자, 지금부터 선생님이랑 재미있는 새 노래를 배울 거예요. 여기 보세요. 뭐라고 적혀있지요? 맞아요. 고추잠자리라는 노래인데 선생님이 피아노로 먼저 반주를 해 볼 테니 잘 들어 보세요. 피아노 반주로 노래를 들려준다. 잘 들었나요? 그럼 선생님이 먼저 한 번 노래를 불러 볼테니 들어보세요. 어때요? 노래 쉽지요? 자, 그럼 선생님을 따라 한 소절씩 불러보도록 해요. 노래를 한 소절씩 따라 부른다. 어떻게 부르는지 이제 알겠어요? 그럼 다같이 한 번 불러 보도록 해요. 다같이 노래를 부른다. 선생님이랑 고추잠자리 노래 배워서 어땠어요? 선생님도 우리 친구들이 너무 즐겁게 해줘서 너무 재밌었어요. 자, 다음 활동하기 전에 화장실 다녀오세요.	고추잠자리요. 예. 예. 재미있었어요.	
	짠~ 이게 뭘까요? 맞아요. 아까 우리 친구들이랑 이야기 나누기 시간에 배운 벌에 대한 동화예요.	와 ~ 동화다!	

	여기 제목이 뭐라고 적혀 있는지 다 같이 읽어 볼까요? 자, 그럼 선생님이 동화를 읽어 볼 테니 잘 들어 보도록 하세요. 동화를 읽어 준다. 잘 들었나요? 벌이 왜 여행을 떠나기로 결심했어요? 벌이 어디로 여행을 떠났나요? 그 곳에서 어떤 곤충들을 만났나요? 그렇게 벌이 다른 곤충친구들을 만나고 나서는 어떻게 되었나요? 그렇죠. 벌이 무엇을 깨닫게 되어 다시 집으로 돌아왔어요? 우리 친구들도 벌처럼 불평하지 말고 착한 친구들이 되도록 해요. 우리 친구들 선생님과 약속할 수 있겠어요? 선생님과 약속하는 거예요.	벌의 여행이요. 자기 집은 좁고 불편하다고요. 먹을 것도 맛이 없고, 많이 없다고요. 다른 곤충들이 사는 곳으로요. 나비요. 개미요. 잠자리요. 다시 벌의 집이 있는 곳으로 돌아왔어요. 자기 집이 제일 편하고 좋다는 걸 알게 되어서 다시 돌아왔어요. 네~	
점심 (11:50~12:30)	그룹별로 앉아서 개인 가방에서 도시락통을 꺼내 식사 준비를 한 후 "기도손" 노래를 부른 뒤 점심을 먹는다. 점심을 다 먹은 유아는 소독기에 있는 칫솔을 가지고 가서 양치질을 한 후 자유활동을 한다.		유아 개인 용품(수저, 물통, 도시락통)
실외 자유선택활동 (12:30~1:00)	유치원 마당에서 자유롭게 선택활동을 한다. 사육장 관찰하기 모래 놀이터에서 놀이하기		

	다른 놀이터 기구 이용하기 연못 관찰하기		
작업 (1:00~1:40)	〈크레파스 녹이기〉 우리 친구들 점심 맛있게 먹었어요? 이번에는 선생님과 함께 미술활동을 해볼 건데 여기 칠판에 뭐라고 적혀 있어요? 맞아요. 크레파스 녹이기 활동을 할 건데 다같이 활동 순서를 읽어 볼까요? 활동 순서를 다 같이 읽는다. 원하는 나뭇잎에 이름을 적는다. 자기 스케치북을 가지고 온다. 크레파스를 깎는다. 다리미로 누른다. 스케치북에 제목을 적고 정리한다. 다리미로 누르는 건 힘드니까 선생님이 해줄께요. 자기가 원하는 크레파스 색깔을 다 깎은 친구는 가지고 오세요. 각자 크레파스 녹이기 활동을 한다. (어려워하는 친구는 돌아다니며 교사가 도와 주고 크레파스를 다 깎은 친구는 다리미로 크레파스를 녹여 준다.) 와! 우리 친구들 크레파스 녹이기 활동한 거 너무 색깔도 예쁘고 잘했네요~ 크레파스 녹이기 활동한 거 어땠어요? 그랬어요? 나뭇잎 모양에 크레파스 녹이기 한 것은 선생님이 교실에 예쁘게 달아 줄께요.	네. 네. 재미있었어요. 어려워요. 네. 선생님.	

<table>
<tr><td>귀가지도
(13:40~14:00)</td><td>선생님이 이름을 부르면 사물함에서 가방을 들고 선생님께 가면 유아의 가방에 가정통신문을 넣어 준다.
우리 친구들 선생님 앞에 한 줄 기차하세요.
천천히 선생님 뒤에 따라오세요.</td><td>

네. 선생님.</td><td></td></tr>
<tr><td>평 가</td><td colspan="3">1. 유아들이 곤충의 특징에 대해 잘 이해하였는가?
2. 유아들이 이로운 곤충과 해로운 곤충의 종류와 우리 생활에 미치는 영향을 잘 이해하였는가?</td></tr>
</table>

일일교육계획안 2

활동주제	나비	대상연령	6세
활동목표	나비의 생김새와 특징에 대해 알 수 있다.		
활동자료 및 준비물	나비의 성장 과정이 담겨진 실물 사진, 자유선택활동 교구, 애벌레와 무 동화 자료, '매미' 가사판		
활동전개과정	교사	유아	비고
등원 9:30~10:00	유아들의 등원 교사와 유아가 인사를 나눈다. 공수!! 안녕하십니까? 유아들 각자 출석부에 도장을 찍고 옷과 가방을 정리한다.	안녕하십니까.	
자유선택활동 (10:00~11:00)	♠ 언어영역 동화책 보기 '나비의 성장과정' 책 만들기 '곤충의 종류' ♠ 수・조작영역 분류(날아다니는 곤충과 기어다니는 곤충 분류하기) 숫자 쓰기(곤충이 몇 마리 있니?) ♠ 과학영역 관찰(개미 관찰하기) ♠ 미술영역 그리기(여러 가지 곤충 그려보기)		
이야기 나누기 (11:00~11:30)	〈도입〉 오늘의 날짜를 알아볼까요? 시작~ ♪ 월화수목금토일 오늘의 날짜를 알아봅시다. 오늘은 2003년 12월 11일 목요일입니다. 어제는 2003년 12월 10일 수요일이었습니다. 내일은 2003년 12월 12일 금요일이 될 것입니다.	네. 선생님. 네~ 교사와 함께 노래	

	〈전개〉 친구들은 어떻게 세상에 나오게 되었을까? 엄마 뱃속에서 10달 동안 살다가 엄마가 배가 아야~ 하셔서 우리 친구들이 나오게 되었네요. 그렇지요? 어제 우리가 배웠던 곤충들 기억나나요? 곤충들도 엄마가 있어요. 곤충의 엄마도 배를 아야~ 해서 곤충 새끼들을 낳게 되는 거예요. 오늘은 어제 배운 곤충 중에 한 곤충의 성장과정에 대해서 알아볼 텐데 어떤 곤충 배웠는지 기억나요? 그래요. 우리 친구들이 배웠던 곤충들 중 하나예요. 이 곤충은요, 이렇게 성장하는 과정을 거쳐서 어떤 멋진 곤충이 된데요. 어떤 곤충인지 볼까? (이 때, 실물사진 자료판 꺼내어 유아에게 보여준다.) 자, 선생님이 이 곤충의 가슴 부분을 보여줄께요. (곤충의 가운데 부분의 종이를 뜯는다.) 뭘까? 우리 친구들 알겠어요? 아니에요~ 그럼 머리 부분을 떼어 볼께요! 아니에요. 우리 친구들 어제 곤충을 너무 많이 배워서 헷갈리나 보구나? 그럼 선생님이 하나 더 떼어서 우리 친구들이 맞출 수 있게 힌트를 줄께요.	엄마가요 배 아야~ 해서요. 나왔어요. 네~ 네~ 네! 잠자리, 나비, 매미 와~ 잠자리요. 벌이요.	

	자~(하나 더 뜯어서 날개 부분 보여준다) 이제 알겠어요?	와~ 나비요.	
	우와~ 드디어 맞췄다. 우리 친구들 다같이 박수!! 나비죠? 나비가 여기 숨어 있었어요. 처음 가슴 부분을 봤을 때 우리는 잠자린 줄 알았다. 그렇지? 그리고 또 머리 부분을 봤을 때 우리는 잠자린줄 알았다. 그렇지? 그리고 또 머리 부분을 봤을 때는 벌인 줄 알았고~ 예쁜 날개 부분을 보고 나비를 찾아냈다. 역시 나비는 날개가 너무 이쁜 것 같아요. 친구들은 어떻게 생각해요?	날개가 너무 예뻐요. 호랑나비 날개가 제일 예뻐요. (유아들 웅성웅성)	
	친구들은 나비를 신제로 본 적이 있나요?	네!! 많이 봤어요.	
	어머! 선생님 너무 놀랬어요. 우리 친구들 정말 실제로 본 적 있어요? 선생님에게 언제 어디서 봤는지 이야기해 줄 수 있을까? 멋지게 앉아서 조용히 손드는 친구가 선생님과 친구들이 다 들을 수 있게 발표 하도록 해요.		
	자! 저기 멋지게 앉아 있는 나비를 언제 어디서 봤는지 친구들과 선생님에게 들려줄 수 있을까?	우리집 화단에서 나비가 날아다니는 거 봤어요.	
	아, 화단에 있는 꽃 옆에서 나비가 날아다니는 걸 보았구나. 나비가 꽃 옆에서 무엇을 하고 있었어요?	나비가 꽃 옆에 앉아서 쉬려고 했어요.	

	그랬구나. 나비가 꽃에 앉아서 쉬려고 하는 모습을 보았구나. 또 누가 이야기해 볼까요?	흰나비 노랑나비가 하늘높이 나는 거 봤어요.	
	자~ 또 다른 친구 선생님과 친구들이 다 들을 수 있게 얘기해 볼까? 흰나비랑 노랑나비가 하늘을 높이 나는 것을 보았구나. 나비가 어떻게 날고 있었니?	날개가 팔딱거려요.	
	음, 파닥거리며 날개짓을 하며 날아다녔구나. 자, 이번엔 마지막 친구. 어떤 친구가 우리 친구들에게 자신의 멋진 경험을 얘기해 줄 수 있을까? 누가 멋지게 앉아있나?	네. 얘기해 줄 수 있어요.	
	야~ 우리 친구들에게 나비에 대해서 이야기해 줄 수 있을까?	오빠가 나비 잡아 왔어요.	
	그렇구나~ 오빠가 채집해 온 나비를 보았구나. 그럼 정말 자세히 관찰할 수 있었겠다! 그렇지?		
	그럼 나비를 가까이서 관찰했을 텐데 나비가 어떻게 생겼었는지 기억나요? 우리 친구들은 자세히 보지 못했어요. 친구들에게 나비의 모습을 설명해 줄 수 있어요?	네. 더듬이도 있고요. 잠자리하고 비슷한 몸통도 있고요. 날개도 있어요.	
	그랬어요. 아까 그림에서처럼 더듬이도 있고, 날개도 있고, 몸통도 있고, 그런데 나비 입에 이렇게 길고 동그랗게 달려 있는 건 못 봤어요? 여기에 있는 이 그림에서처럼 말이야~	그거는 못봤는데요. 안보이던데. 그냥 조금만 보고 놔줬어요.	
	아, 그래요~ 아주 착한 일을 했구나!! 친구들은 아주 여러 곳에서 관찰을 했구나~ 선생님은 선생님 할머니 댁에 갔을 때 배추 밭이랑 무 밭에서 나비를 본 적이 있어요. 그 때 배추 밭이랑 무 밭에 나비가 아주 많아서		

	여러 가지 나비를 관찰했는데 선생님도 나비가 너무 작아서 이렇게 긴 대롱을 눈으로는 관찰할 수 없었지만 너무 예뻐서 꼭 잡아와서 기르고만 싶었어요. 그런데 잡은 나비를 놓아주기까지 했으니 정말 착하다 그렇죠? 그런데 이렇게 예쁜 나비가 아기 때는 지금과는 전혀 다른 모습이래요. 우리 친구들 알고 있나요? 음. 나비는 처음에 태어나서 다른 모습으로 있다가 우리 친구들처럼 5살에서 6살이 되듯이 시간이 흘러 나비의 모습으로 변한대요. 궁금해? 그럼 우리 어떤 모습을 하고 있는지 알아보기로 할까요? 여기 그림판을 보세요! 여기 이 검은 종이 뒤에 나비의 어릴 때 모습이 있어요. 선생님이 이렇게 숨겨놨어요. 맨 처음 태어났을 때부터 조금 자랐을 때 그리고 또 자랐을 때 그리고 어른이 될 때까지 모습을 우리 친구들과 함께 보려고요~ 함께 볼까요? 짠! (첫번째 그림을 보여준다.) 알이다. 나비는 처음 태어날 때 알로 태어나요. 배부른 엄마 나비가 감귤나무나 탱자나뭇잎 뒤에다가 알을 하나씩 낳는대요. 그림 두 번째 그림 한 번 볼까요? 이번엔 알에서 어떤 걸로 변할까? 짠! (두번째 그림을 보여준다.)	네. 아니요. 와~~ 네!! 와~ 애벌레다. 신기해요~	

	우리 친구들 너무 잘 알고 있네? 이것은 애벌레라고 해요. 알이 세상 밖으로 나온지 하루가 지나면 알 한가운데 작은 까만점이 보여요. 이 점은 날이 갈수록 커지는데, 알이 나온지 4일이 지나면 알의 속이 붉게 물들고 껍질이 검게 되고 6일이 지나면 알이 다시 희게 돼서 안에 애벌레가 움직이는 것이 보인데요~ 알이 세상에 나온지 일주일이 지나면 알을 까고 애벌레가 나오는 거예요!	와~	
	신기해요? 그럼 다음 그림 볼까? 짠! (세번째 그림을 보여준다.) 와~ 우리 친구들 잘 알고 있네 이건 번데기에요. 애벌레가 된지 또 일주일이 지나면 애벌레가 자신의 입에서 실을 뽑아내어서 발판을 만들고 몸을 돌려서 원을 그리듯이 실을 몸에 감고 몸을 지탱하게 되요. 바로 이 모습이 번데기의 모습이에요. 나비가 되기 위해 변신하기 위함이죠~	와~ 나비예요!	
	짠! (네번째 그림을 제시한다.), 여러분!! 뭐예요? 와~이제 정말 아기 나비가 되었다. 그죠? 번데기 속에서 대롱이 생기고 날개가 생기고 가슴이 생겨서 이렇게 예쁜 나비가 되어서 껍질을 벗고 세상에 나오는 거예요. 이제 우리 친구들 나비가 어떻게 자라는지 알게 되었나요?	네!!	
	〈마무리〉 나비는 1년 넘게 사는 나비도 있지만 보통 2~3개월 정도 살고 하늘나라로 간데요~ 예쁜 나비가 참 불쌍하다. 그죠? 나비가 오래 살려면 공기도 맑		

	아야 하고 환경도 깨끗해야 하는데, 지금은 공장도 많이 생기고 해서 요즘 도시에서는 나비를 잘 볼 수 없죠? 나비가 숨을 쉬기 힘들어서 공기 좋은 농촌에서만 살고 도시에서는 잘 살지 못하는 거래요. 우리 친구들 동네 놀이터에서 그리고 집에서 예쁜 나비 많이 보고 싶죠? 선생님도 너무나 보고 싶어요. 그럼 우리가 어떻게 해야 할까? 그렇죠? 길거리에 버려져 있는 쓰레기도 주워야 하고 또 음식물도 남기지 않아야 하고 나무를 꺾지도 말아야 해요. 왜냐하면 나비는 나무와 꽃에 앉아서 쉬어 가거든요~ 우리 친구들 그렇게 할 수 있지요? 자, 그럼 이제 화장실에 다녀와서 의자 친구들은 의자자리에 앉고 나머지 친구들은 담화 자리에 앉아서 선생님이 준비한 재미있는 동화를 들어보도록 하자!	네. 할머니 댁에 가면 많이 볼 수 있는데, 우리 집에는 많이 없어요. 네~ 집에서 키우면서 보고 싶어요. 쓰레기를 버리면 안 돼요. 네~ 네!!	
동화 들려주기 11:30~12:00	와~ 다들 멋지게 앉아있네. 화장실 다녀 왔나요? 우리 조금 전에 나비의 성장 과정에 대해서 알아 봤죠? 나비가 처음에는 어떤 모습을 하고 있다고 했죠? 그래요, 알에서 어떻게 되나요? 애벌레가 되고, 애벌레에서 어떻게 변하나요? 그래요. 번데기가 되고, 그리고 나비	네~ 알아요! 애벌레로 변해요. 번데기가 되요.	

	가 된다. 그죠? 우리 친구들 나비가 자라는 과정 정말 잘 듣고 있었구나. 그럼 선생님이 들려주는 동화 들어 보도록 할까요? 우리 친구들이 오늘 나비의 성장과정 배운 것이 나올 거 예요. 함께 동화 듣기 자세~ 귀 쫑긋 세웠나요~	동화 듣기 자세~ 귀를 쫑긋 세웠어요.	
	교사가 동화를 들려준다. 우리 친구들 잘 들었나요? 어떤 내용이었어요?	네, 재미있었어요. 무가 알에서 멋진 나비가 될 수 있게 도와 줘요.	
	그렇죠? 여기에서 예쁜 나비가 처음 에는 알로 태어나서 그리고 애벌레 와 번데기를 거쳐서 멋진 나비가 되 었다 그죠?	네.	
	그래요. 만약 무가 알이 애벌레가 될 때까지 보살펴 주지 않고 또 애벌레 가 번데기가 될 때까지 자신의 잎을 먹게 내어주지 않았다면 아마 예쁜 나비가 될 수 없었을 거예요.	맞아요!	
	그래서 나비는 마지막에 무에게 뭐 라고 했나요?	고맙다고 했어요.	
	그렇죠, 보살펴 줘서 고맙다고 하였 어요. 우리 친구들도 애벌레와 무처럼 다 른 친구들에게 도움을 주거나 또는 도움을 받고 고맙다고 말한 적이 있 나요?	네! 오늘 교구 정리 도와줘서 고 맙다고 했어요.	
	아, 그랬어요. 교구 정리하는 걸 도 와줘서 고마웠다고 말했어요?	네.	
	그렇구나. 우리 친구들 선생님이 말 하지 않아도 고마움을 아는 멋진 친 구들이네!!	하하하~	
	그래요. 고맙다는 인사를 할 줄 안다		

	는 것은 아주 좋은 거예요. 이제 점심 시간이네~ 점심 먹을 준비할까요? 식사 당번 친구들 손 씻고 와서 책상 준비해 주세요.	네~ 네!	
점심 (12:00~1:00)	(아이들의 배식이 끝났다.) 우리 친구들! 식사 안 받은 친구 없죠? 그럼 다 같이 식사 노래 시작할까요? ♪꼭꼭 씹어요. 냠냠냠. 맛있는 점심을 냠냠냠. 골고루 먹어야 기운이 나요. 뽀빠이 같은 기운이 나요. 식사 시작하세요!! (식사를 다한 후, 교실을 정리하고 시간이 남으면 바깥놀이를 한다.)	네~ 감사히 먹겠습니다.	
음률활동 (13:00~13:30)	('모두 제자리' 노래가 나오면 유아들은 노래를 부르면서 자리에 앉는다.) 자, 우리 친구들 점심 맛있게 먹었나요? 선생님도 너무 맛있게 먹었답니다. 오늘은 선생님과 새 노래를 배울 텐데 노래를 배우기 전에 우리 지난주에 배웠던 '우리 지구' 노래 한 번 불러 보고 새 노래 배우도록 해요. (교사는 피아노로 '우리 지구'를 연주하고 유아는 노래를 부른다.) 우리 친구들 너무 잘 기억하고 잘 부르네. 오늘 우리 친구들이 배워 볼 노래는 '매미'에요. 우리가 여름에 보는 매미가 오늘 노래의 주인공이에요. 노래를 배워보기 전에 가사가 어떤 내용인지 선생님과 함께 읽어 보도록 해요!!	네. 네. 매미 알아요! 네~	

	숲 속의 매미가 노래를 하면 파란저 하늘이 더 파래지고 과수밭 열매가 절로 익는다. 과수밭 열매가 절로 익는다. (교사가 먼저 읽고 유아는 따라 읽는다.)		
	우리 친구들 어떤 내용인지 알겠나요?	네~	
	매미가 울면 하늘이 더 파래지고 과수밭 열매가 익어간대요. 자~ 우리 친구들 선생님이 먼저 어떤 노래인지 피아노 반주를 하면서 불러 볼텐데 잘 들어 보도록 해요!	네~	
	(교사가 피아노 연주에 맞추어 선창한다.) 어떤 노래인지 알겠나요?	네~	
	그럼 먼저 발성 연습부터 할까?	아에이오우~	
	(유아들과 기초발성 연습을 한다.) 우리 친구들 오늘 목소리가 너무 밝고 명랑하네? 이제 선생님이 피아노를 치면 우리 친구들이 노랫말 속에 아를 넣어서 불러 보도록 해요. ('매미'의 곡에 '아'를 넣어 부른다.)	네.	
	우리 친구 너무 잘했어요. 이번에는 '이'를 넣어서 불러 보도록 하자~ ('매미'의 곡에 '이'를 넣어 부른다.) 우리 친구들 이제 노래 알겠어요?	네.	
	그럼 우리 친구들과 선생님과 함께 노랫말에 가사 넣어서 불러볼까?	네.	
	(피아노 반주에 맞추어 유아들이 가사판을 보며 노래를 부른다.) 우리 친구들 정말 잘한다! 이번엔 동작을 넣어서 불러 볼까? 어때요?	좋아요!	

	재밌겠어요? 그럼. 숲 속의 매미가 이 부분은 어떻게 했으면 좋겠어요? (유아가 가삿말에 맞추어 율동을 제시하고 교사는 적당히 수렴하여 유아의 의견을 존중하면서 유아에게 맞는 율동을 구상하여 노래에 율동을 덧붙여 본다.) 그러면 선생님의 피아노 반주에 맞추어서 노래를 부르면서 율동을 해 보자! (교사의 피아노 연주에 맞추어 율동을 하며 노래를 부른다.) 와~ 멋지다! 선생님은 오늘 우리 친구들이 너무 씩씩하게 노래를 잘 불러줘서 너무 기분이 좋아요!! 친구들도 신나나요? 와~ 벌써 마칠 시간이네? 우리 친구들이 열심히 활동해서 시간이 이렇게 빨리 지나가 버렸다. 그죠? 우리 친구들 손 씻고 옷 입고 가방 메고 실내화 정리하고 마침 줄 서세요! (유아들 정리하고 마침줄 선다.) 멋지게 정리하고 옷 입은 친구부터 선생님이랑 뽀뽀하고 집에 가도록 합니다~ 차렷! 경례~ 그래. 안녕히 가십시오~! 뽀뽀~ (모든 유아 선생님과 뽀뽀하고 헤어진다.)	와~ 재밌겠다! 네. 너무 신나요! 안녕히 계십시오~	
평 가	1. 나비의 성장과정에 대해 알 수 있었는가? 2. 유아들이 수업에 적극적으로 참여하였는가?		

곤충의 집을 찾아 주세요(수 : 분류)

♠ **활동목표** : 곤충의 특징과 사는 곳에 관심을 가진다.
곤충과 사는 집을 짝지을 수 있다.

♠ **활동자료** : 하드보드 2장, 부직포(갈색 : 땅, 파랑 : 연못, 하늘 : 구름, 초록 : 나무), 돌림판 곤충(꿀벌, 잠자리, 나비, 매미, 개미, 장수풍뎅이, 무당벌레, 귀뚜라미 3개씩), 찍찍이

♠ **만드는 방법**

〈활동판〉

1. 하드보드에 한지를 찢어 땅, 나무, 연못, 하늘 등을 꾸민다.
2. 곤충들의 집을 꾸며 붙인다.
3. 양쪽 옆면은 단색으로 붙인다.
4. 앞면은 무색시트지로 싼다
5. 양쪽 옆면에 보들이를 붙인다.

〈돌림판〉

1. 지름이 20Cm인 둥근판을 만들어 가운데 구멍을 뚫는다.
2. 8칸을 만들어 칸마다 곤충그림과 글자를 붙인다.
3. 무색시트지로 싼 후 구멍 안에 화살을 끼운다.

〈곤충그림〉

1. 곤충그림을 책이나 인터넷에서 뽑아 잘라 코팅한다.
2. 뒷면에 까칠이를 붙인다.

곤충의 집을 찾아 주세요

나 비
잠자리
매미

♠ 활동내용

1. 준비된 자료를 보고 어떤 곳인지, 무엇이 있는지 이야기 나눈다.
   - 이 숲 속에는 어떤 곤충들이 살고 있을까?
   - 그럼 곤충들은 어떤 집에 살까?
2. 2명의 유아가 순서를 정한다.
3. 돌림판을 돌려 화살표가 멈춘 곳의 곤충을 확인한다.
   - 이 곤충의 이름은 무엇이니?
   - 이 곤충은 어디에서 살까?
4. 화살표가 멈춘 곤충을 알맞은 집에 붙인다.
5. 모든 곤충의 집을 먼저 찾아 붙인 유아가 이긴다.

나는 어떤 곤충일까요?(언어)

♠ **활동목표** : 곤충의 이름을 나타내는 글자에 관심을 가진다.
곤충의 특징과 생활에 대해 관심을 가진다.

♠ **활동자료** : 색지(초록, 갈색), 하드보드, 한지, 무색시트지, 행거, 곤충그림(잠자리, 벌, 나비, 개미, 무당벌레, 거미, 장수풍뎅이), 곤충 설명카드, 상자 2개

♠ **만드는 방법 :**

〈나무 만들기〉

1. 초록, 갈색색지로 길이 24Cm의 나무모양을 만들어 코팅한다.
2. 하드보드로 삼각대를 만들어 나무 뒷면에 고정시킨다.
3. 작은 행거를 나무에 10개 정도 붙인다.

〈곤충 설명카드 만들기〉

1. 곤충에 대한 설명카드(14×14cm)를 만들어 코팅한다.
   (잠자리: 4장의 날개로 날아다닌다.
   가을철에 많이 볼 수 있다.
   종류에는... 먹이는... 사는 곳은...
   다른 곤충들도 이와 같이)
2. 오른쪽 위부분에 구멍을 뚫어 링철한다.

〈곤충모양 만들기〉

1. 인터넷이나 책에서 곤충의 모습을 찾아 오린다.
2. 곤충의 그림과 글자를 코팅하여 모양대로 자른다.
3. 윗부분에 구멍을 뚫는다.

〈상자 만들기〉

1. 하드보드로 15×15cm 와 둥근판을 만들어 가운데 구멍을 뚫는다.
2. 한지를 붙인 후 시트지로 싼다.
3. 상자 앞부분에 곤충모양과 곤충 설명카드라는 글자를 붙인다.

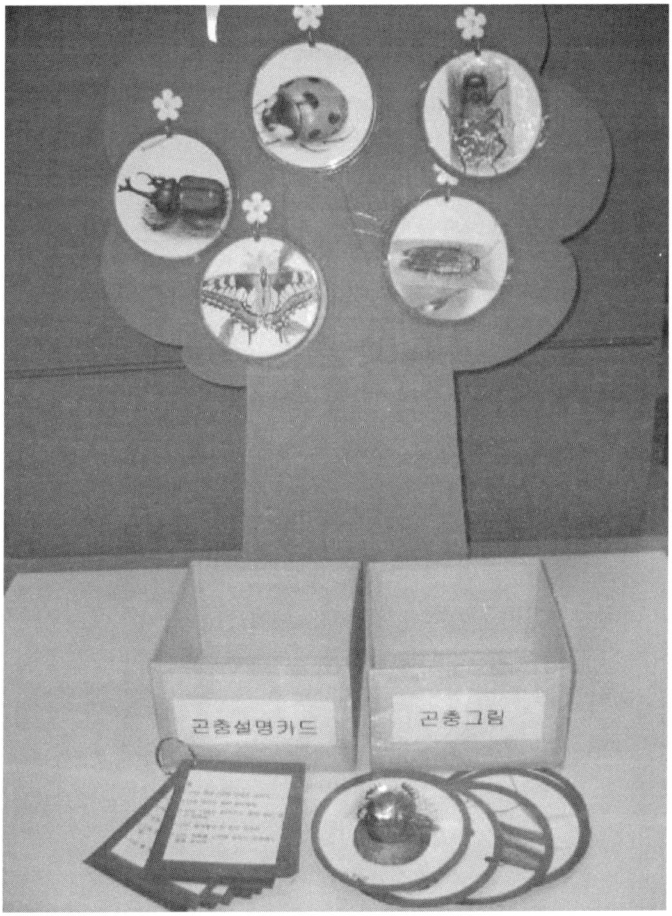

♠ **활동내용**

1. 곤충 그림카드를 책상 위에 펼쳐 놓는다.
   - 어떤 곤충들이 있니?
   - 직접 너가 본 곤충도 있니?
   - 어디에서 보았니?
2. 1명의 유아가 설명카드를 읽고 다른 유아는 알맞은 곤충카드를 찾는다.
3. 2명의 유아가 역할을 정한다
4. 1명의 유아가 곤충 설명카드를 읽는다.

- 나는 4장의 날개를 가졌으며 하늘을 날아다닌다.
- 나는 가을에 많이 볼 수 있다.
- 다른 유아 1명은 잠자리카드를 찾는다.
- 왜 잠자리라고 생각하니?

4. 설명카드에 맞는 곤충카드를 찾아 나무에 걸어 본다.
5. 나무에 곤충그림을 모두 건 후 곤충의 이름을 읽어 본다.
6. 활동이 끝나면 역할을 바꾸어 해본다.

주제 6.

음식과 건강

일일교육계획안 1

활동주제	겨울에 볼 수 있는 과일	대상연령	만 5세
활동목표	1. 과일의 단면을 관찰하여 과일의 구조와 씨앗의 생김새를 알 수 있다. 2. 과일을 이용한 저장 식품에 대해 알 수 있다. 3. 과일의 색이 변하는 것을 알 수 있다.		
활동자료 및 준비물	사과, 귤, 쟁반, 칼, 도화지, 물감, 접시, 크레파스, 색연필, 사인펜, 유리냄비, 설탕, 버너, 주걱, 물, 전지, 전구, 집게전선 2개, 아연판, 구리판, 사과 단면그림, 단어카드(씨방, 씨, 과육, 껍질)		
활동전개과정	교사	유아	비고
등원 및 자유 선택 활동 (9:00~10:00)	안녕하십니까~(유아와 함께 출석 체크를 하고 옆에서 유아를 지켜보고 있다)	안녕하십니까~ (출석부에 출석 체크를 하고 각 영역별로 하고자 하는 활동을 한다)	출석부 도장
	〈자유선택활동〉 ♠ 역할영역 상 차리기 ♠ 조작영역 올바른 식기 사용법 익히기 ♠ 미술영역 곡식으로 그림 그리기		각 영역별 교구
정리정돈 및 모임 (10:00~10:10)	(각 영역의 정리를 권한다.) 오늘 날씨가 어때요? 춥다고 몸을 웅크리고만 있으면 안되요~ 알겠나요? 오늘의 꼬마 선생님은? 최고 박수 쳐주도록 해요.	(주변을 정리하고 자리에 모여앉는다.) 네~ 누구누구요~ (지정된 유아가 날짜와 요일을 소개한다.) 짝짝짝	
이야기 나누기 (10:10~10:30)	다같이 '사과같은 내 얼굴' 노래 불러 볼까요?	네~(노래부르기)	실물 사과, 귤

<table>
<tr><td rowspan="11">이야기 나누기
(10:10~10:30)</td><td>선생님, 선생님을 도와줄 멋쟁이 친구를 찾아볼께요.
(한 명의 유아가 나온다.)</td><td>보세요~

저요~</td><td rowspan="11">그림자료,
단어카드,
칼</td></tr>
<tr><td>“나는 무엇일까요?”</td><td>(주머니 속의 과일 확인) 확인한 유아가 빨강색이고 동그란 모양이야.</td></tr>
<tr><td>친구의 설명을 듣고 맞추어 보세요. 무엇일까?</td><td>사과요.</td></tr>
<tr><td>맞았다!! 맞춘 친구 나오세요.
(나온 유아에게 귤로 바꾸어 보여준 후) “나는 무엇일까요?”
맞추어 보세요~</td><td>작고 동그랗고 주황색이야.
귤이요~</td></tr>
<tr><td>맞았어요! 귤이예요.
도우미 친구 고마워요.
들어가세요.
여기에 담긴 사과와 귤은 사계절 중에 겨울에 볼 수 있는 과일이예요.(실물 제시)</td><td></td></tr>
<tr><td>사과의 겉모습을 먼저 관찰해 볼까요?</td><td>빨간 색이고 동그란 모양이예요.</td></tr>
<tr><td>그래요, 그런데 초록색 사과도 있답니다. 그것은 여름에 나는 사과이지요.</td><td></td></tr>
<tr><td>그럼 이제 사과를 만져 볼까요? 느낌이 어때요?</td><td>매끄러워요.</td></tr>
<tr><td>그런데 사과의 속은 어떻게 생겼을까요?</td><td>하얀색이예요.</td></tr>
<tr><td>우리직접 잘라서 살펴보아요.
(사과를 반으로 자른다.)</td><td>씨다.</td></tr>
<tr><td>여기 보이는 것처럼 사과에는 씨가 있어요.
사과는 속씨 식물이라서 씨방이라는 것이 있는데 그 안에 담긴 것이 여기 보이는 씨예요.</td><td></td></tr>
</table>

	(사과의 단면 그림을 제시. 씨방, 과육, 껍질 등의 단어카드를 붙이며 명칭을 알려준다.) 이번에는 사과의 맛을 알아볼까요? 선생님이 조금씩 나누어 줄께요.(잘라서 나누어 준다.) 먹어보고 맛을 이야기해 주세요.	달콤해요.	
	사과를 먹으면 입맛을 좋게 해 주고 소화를 잘 되게 해 준데요. 참 좋은 과일이죠?	네.	
	그럼 이제 귤에 대해서 알아볼까요(귤을 제시). 겉모습이 어떠한가요?	울퉁불퉁하고 주황색을 가져요. 점도 있어요.	
이야기 나누기 (10:10~10:30)	만져 보세요, 어떤 느낌이 나나요?	울퉁불퉁해요. 조금 딱딱해요	
	사과와 귤은 어떤 다른 점이 있을까요?	사과는 빨간색이고 귤은 주황색이요. 사과 속은 하얗고 귤은 주황색이요.	
	이제 껍질을 까버린 귤을 관찰해 볼까요?	조각이 나 있어요.	
	이제 귤도 잘라서 안을 보도록 해요. 어떻게 생겼나요?	알갱이가 보이고 나뉘어져 있어요.	
	귤도 맛을 볼까요? 맛있어요?	새콤하고 달콤해요. 맛있어요.	
	귤에는 비타민 C가 많이 들어 있어서 우리 피부를 튼튼하게 지켜줄 수 있다고 해요.	선생님 사과가 색깔이 변했어요.	

	정말 껍질을 깎아버린 사과의 색깔이 변했네요. 왜 그럴까? 이렇게 사과의 색깔이 변하는 것을 갈변현상이라고 해요. 사과 안에 있는 성분이 산소와 만나면 이렇게 사과의 색깔이 변하게 된데요. 이렇게 갈색으로 변하니까 어때요? 이렇게 색깔이 변하지 않게 하려면 소금물이나 레몬 주스 식초에 잠간 담그면 변하지 않는다고 해요. 집에 가서 확인해 보세요.	모르겠어요. 맛 없어 보여요. 이상해요.	
미술활동 (10:30~11:00)	이번에는 사과와 귤의 단면을 찍어 볼 거예요. 선생님이 사과를 여러 조각으로 잘라 여러 가지 모양을 만들어 보았어요. 원하는 모양에 물감을 묻혀서 종이에 찍고 그림으로 꾸며보는 거예요. 자기 자리에 앉구요. (재료를 나누어 주고 활동을 한다.) 다한 친구는 작업대에다 말리고 정리정돈하세요. 다 마른 친구는 담화자리에 가져와서 앉으세요. (모두 모여 앉은 후) 자 이제 친구들에게 자기가 그린 그림들을 소개해 주세요. 어떤 친구부터 해 볼까? 오늘 이렇게 과일 찍기를 해 보았는데, 어땠나요? 모두 들 멋진 그림을 완성해 주었어요!!	 네. (활동) 네. 네. (유아 한 명씩 자신의 그림에 대해 소개한다.) 예뻤어요. 재미있어요.	단면으로 잘린 과일, 물감, 종이, 크레파스

요리활동 (11:00~12:00)	화장실 다녀올 친구와 손씻을 친구 다녀오세요. 친구들 잼 먹어 본 적 있나요? 어떤 잼 먹어 봤나요? 오늘 선생님이랑 사과 잼을 만들어 볼거예요. 어떤 재료들이 필요할까? (요리판을 제시) 투명유리 냄비에 사과잼을 끓여 볼꺼예요. 그럼 요리 순서를 알아볼까요? (순서표를 읽는다.) 순서대로 할 수 있겠나요? 칼은 조심하구요, 사과를 잘게 잘라 주세요. 그리고 냄비에 넣은 다음 설탕과 물을 넣어 주세요. 그리고 가스 불에서 끓이는 거예요. 어떻게 변하는지 잘 관찰해 보세요. (불을 켜고 끓인다.) 완성 후 맛을 볼까요? (조금씩 나누어 준다.) 어때요? 이렇게 사과로 잼을 만들어 보았어요. 사과로 만들 수 있는 것에 또 뭐가 있을까요? 간식시간에 식빵에다 이 잼을 발라 먹도록 해요~ 점심식사 하도록 주변을 정리하세요. 손씻고 오도록 하세요.	짝짝 무릎에 네. 딸기잼 포도잼이요. 시과, 설탕, 물이요. 네. 네. 맛있어요~~ 사과 과자 사과 사라다요. 네.	요리판, 사과, 물, 설탕, 냄비, 가스버너, 숟가락, 그릇,

점심시간 (12:00~13:00)	밥과 반찬을 준비 도우미와 함께 배식 유아와 함께 식사하며 지도한다.	도시락통 준비 도우미들이 배식을 함 기도 후 식사 양치질 주변정리 조용히 휴식	
과학활동 (13:00~13:40)	선생님~ 오전에 사과와 귤에 대한 활동들을 했었죠? 이번 시간에는 그 과일들을 이용해 재미있는 실험을 해 볼거예요. 과일에는 산성이라는 특이한 성질이 있어요. 신맛이 많이 나는 과일일수록 산성이 많다는 뜻이예요. 이 산성은 전구에 불을 더욱 밝혀주는 에너지를 가지고 있어요. 그래서 과일에 전기가 통하게 하면 불이 들어와요. 사과와 귤로 그 실험을 해 볼거예요. (실험을 준비하여 실행한다.) 잘 관찰했나요? 어때요? 그렇죠, 사과에는 약간의 신맛, 즉 산성이 있기는 하지만 불이 안 들어왔고 귤은 사과보다 더많이 신맛이 있어, 즉 강한 산성이라 불이 들어 왔지요. 귤 말고 신맛이 많이 나는 과일인 오렌지나 레몬을 가지고 실험을 해도 불은 들어 올까요? 그래요 들어와요. 어때요? 오늘 했던 과학실험 재미	보세요! 네 네~ 이야~ 재미있겠다~ 네. 귤에서만 불이 켜져요. 네~ 들어와요. 네~	사과, 귤, 아연판, 집게, 전선, 전구, 배터리

	있었나요? 친구들도 오늘 집에 돌아가서 귤이 아닌 오렌지나 레몬을 가지고 정말 불이 들어오는지 실험해 보도록 하세요. 알겠죠? 내일 어떻게 되었는지 알려 주세요.	또 해요. 선생님 네.	
평가 및 귀가지도 (13:40~14:00)	오늘 우리 어떤 활동들을 했었나요? 정말 많은 활동들을 했었네요. 어땠나요? 그럼 오늘 만들어 보았던 잼을 빵에 발라서 먹어 볼까요? (간식) 우리가 직접 만든 것을 먹어 보니 어때요? 이제 집에 갈 준비를 하도록 해요. 옷입고 가방 메고 앉아 주세요. 선생님이 이름 부르는 친구는 인사하고 가요.	사과쨈 만들기랑 사과 찍기요. 과학실험도 했어요. 재미있었어요. 네~ 맛있어요. 신기해요. 네~	사과쨈, 식빵, 그릇, 숟가락
귀가 (14:00 ~)	유아의 이름을 부르고 소지품과 용모를 확인한 뒤 인사 안녕히 가십시오~	안녕히 계십시오~	
평가	1. 과일의 단면을 관찰하였는가? 2. 과일을 이용한 저장 식품에 대해 알 수 있는가? 3. 과일의 색이 변하는 갈변현상을 알 수 있는가? 4. 산성의 특징을 알았는가?		

일일교육계획안 2

활동주제	우리나라의 전통음식	대상연령	만 5세
활동목표	1. 우리 나라 전통음식에 대하여 관심을 가질 수 있다. 2. 전통 음식이 우리 몸에 미치는 영향에 대하여 알 수 있다.		
활동자료 및 준비물	출석 카드, 놀이 계획표, 교구, 스티커		
활동전개과정	교사	유아	비고
등원 및 자유선택활동 (9:00~9:50)	반갑게 인사를 나누며 유아의 기분과 건강 상태를 살핀다.	인사를 하고 출석카드에 스티커를 붙인 후 소지품을 사물함에 정리한다.	출석카드 스티커
	(자유선택 활동- 놀이 계획표에 놀이 영역을 표시하고 각 영역에서 놀이를 한다.) ♠ 수영역 김치를 먹으면 튼튼해져요: 게임판 놀이 ♠ 조작영역 밥상 차리기 게임: 게임판 놀이 ♠ 간식영역 고구마와 우유 먹기		놀이 계획표 각 영역별 교구
정리정돈 및 화장실 다녀오기 (9:50~10:00)	정리정돈 음악을 틀어 준다.	정리음악이 나오면 자리를 정돈하고 화장실을 다녀온다.	
이야기 나누기 (10:00~10:30)	선생님과 지난 시간에 배웠던 '인절미와 총각김치'라는 노래 기억나나요? 그럼 불러볼까요? (노래판 제시) 우리친구들 유치원 오기 전에 모두 밥은 먹고 왔나요? 만약 우리가 밥을 먹지 않는다면 어떻게 될까요?	네~ ♪ 인절미가 시집을 간대요 팥고물과 콩고물로 화장을 하고 동그란 쟁반 위에 ♬ 네~ 죽을 수도 있어요.	그림자료

이야기 나누기 (10:00~10:30)	맞아요. 하루에 세 번씩 꼭 음식을 먹어야 우리의 몸에 필요한 영양분을 섭취할 수 있어요. 그럼 우리 친구들이 좋아하는 음식에는 어떤 것들이 있나요?	피자요. 돈가스요. 햄버거요. 김밥이요.	
	그렇군요. 그럼 그렇게 많은 음식들 중에서 우리 조상들 때부터 먹었던 음식들은 뭐라고 할까요?	모르겠어요.	
	김치, 잡채, 식혜처럼 예로부터 전해져 내려오는 음식들을 전통 음식이라고 해요. 이렇게 전통 음식 중에는 특별한 날에 먹는 음식들이 따로 있었다고 해요. 어떤 음식들이 있는지 알아볼까요?	네~	
	설날에는 어떤 음식을 먹나요? 그래요, 설날에는 떡국을 먹지요. 그리고 떡볶음과 수정과도 먹는다고 해요. (언급한 음식의 사진들을 제시한다.)	떡국이요.	
	그리고 동지가 되면 팥죽을 먹지요. 또 어떤 특별한 날들이 있을까요? 일년 중에 가장 달이 밝다는 정월 대보름이 있어요. 그날이 되면 오곡밥과 부럼, 호두, 땅콩처럼 딱딱한 음식을 깨어 먹는데요.	추석도 있어요.	

	그럼 추석에는 어떤 음식을 먹나요? 그래요. 송편을 해 먹어요. 이렇게 특별한 날에 우리 조상들은 떡도 참 많이 해먹었답니다. 친구들은 송편말고 다른 떡도 알고 있나요? 맞아요. 그렇게 다양한 떡들이 있어요. 우리 친구들은 어떤 떡을 제일 좋아하나요? 그럼 우리 오늘 송편 떡을 만들어 볼까요?	송편이요. 쑥떡도 있어요. 무지개떡도요. 콩떡이랑 인절미 떡도 있어요. 팥 떡도 있어요. 송편이요~ 송편이 제일 좋아요.	
요리활동 (10:30~11:10)	그럼 우리 나라의 전통 음식 중 하나인 송편 떡을 만들어 봐요. 송편 떡을 만들려면 어떤 재료들이 필요할까요? (요리표를 제시하며) 여기에 재료를 알아볼까요? 쌀가루, 그리고 팥, 물, 설탕 등이 필요하다고 했네요. 그럼 이제 요리방법을 알아볼까요? (요리순서표의 내용을 알아본다.) 어떻게 만드는 지 알 수 있겠나요? 그럼 만들어 볼까요? (재료를 나누어주고 송편을 빚은 모양을 일러 준 후 함께 송편	네~ 쌀이요, 깨도 필요해요. 팥도 들어가요. 네~ 네. 네~	가스버너, 찜솥, 쌀가루, 팥, 설탕, 큰그릇, 작은그릇, 숟가락, 쟁반

	을 빚어본다.) 다 만들었나요? 그럼 어떻게 해야 할까요? 맞아요. 그래서 선생님이 여기 찜솥에 물을 끓였어요. 여기에 넣고 쪄야 해요. 다 만든 친구들 선생님에게 가져오면 여기 넣을께요. 모두 가져 오세요. (빚은 송편을 솥에 넣는다.) 송편이 익을 동안 우리는 강당에서 게임을 하도록 해요 손씻고 강당으로 오세요.	 네. 익어야 해요. 네. 네~	
게임 (11:10~12:00)	다 모였나요? 우리나라 음식과 다른나라 음식 게임을 해 보도록 해요. 우선 먼저 팀을 정해요. 상자 안에 들어 있는 친구의 얼굴을 뽑으세요. 같은 얼굴을 가진 사람끼리 팀이 되는 거예요. 팀 이름을 정하구요. 게임의 규칙을 알려 줄께요. 저기 중간 지점에 보이는 책상에 달려가서 음식카드를 자신이 속한 팀에 알맞는 음식을 골라요. 만약 중국친구 팀이라면 중국음식만을 골라요. 그런 다음 그 자리에서 코끼리 코로 세 번 돈 후 음식의 이름을 크게 세 번 말하고 제자리로 돌아와요. 먼저 끝까지 다 돌아온 팀이 이기는 거예요.	네~ 제미있겠다~ 네. 네~~	바구니, 음식카드, 팀카드, 궁금이 상자

	할 수 있겠나요? (게임활동) 어느 팀이 이겼나요? 하지만 ○○팀도 잘해 주었어요. 모두 박수!! 이제 한 줄로 서서 교실로 돌아가도록 해요. 점심을 먹을 수 있도록 손도 씻고 오세요.	(규칙을 잘 지키며 게임한다.) 짝짝짝 네~ 네.	
점심식사 (12:00~13:00)	국과 밥을 나누어 준다. 함께 식사하고 지도한다.	도우미가 식사를 함께 나누어 준다. 식사노래 후 식사를 한다. 양치하고 조용히 휴식을 취한다.	
동화 (13:00~13:20)	점심 맛있게 먹었나요? 선생님이 친구들에게 들려줄 동화를 한편 준비했어요. (동화 제시) 어떤 이야기일까요? 귀를 쫑긋 세우고 들어 보세요!! (동화구연) (그림만을 보여주면서 이야기 내용 회상) 동화 재미있게 들었나요? 동화의 내용이 어떠했나요? 철이가 반달떡을 너무 좋아하다보니 정말 어떻게 되었나요?	네~ 이야~~ 네!! 네. 재미있어요. 반달이 되어 버렸어요.	그림동화 자료 "반달떡이 된 철이"

수활동 (13:20~13:50)	우리 친구들도 좋아하는 전통 음식이 있나요? 이야기해 볼까요? 그럼 선생님이 준비한 이 그래프판에 친구들이 좋아하는 전통음식이 있는 칸에 스티커를 붙여 보도록 해요. (활동이 끝난 다음 각각의 음식마다 몇 명이 좋아하는지 수를 세어보고 비교 활동을 한다.) 우리반 친구들이 가장 좋아하는 음식은 어떤 음식이 있나요? 모든 전통음식을 골고루 먹을 줄 아는 친구들이 되었으면 좋겠어요.	네~ 잡채요. 불고기요. 떡이요. 식혜요. 네~ 불고기예요. 네~	그래프, 스티커
평가 및 귀가지도 (13:50~14:20)	우리친구들 오늘 즐거웠나요? 오늘은 어떤 것들에 대해 알아보았나요? 가장 즐거웠던 활동은 어떤 것이 있었나요? 집에 돌아가서 가족들은 어떤 전통음식들을 좋아하는지 알아보도록 해요. 아까 요리활동에서 만들었던 송편을 먹어 보도록 해요. (나누어 준다.) 맛있나요? 천천히 꼭꼭 씹어먹도록 하세요. 다 먹은 친구는 가방 정리해서 모이세요.	네~ 전통 음식이요. 게임이요. 요리활동이요. 네~ 맛있어요. 네.	만들어 놓은 송편, 접시, 포크

귀가 (14:20 ~)	유아들과 인사를 나누고 안전하게 귀가하도록 돕는다.	인사를 나눈 뒤 귀가한다.	
평가	1. 우리 나라 전통음식에 대하여 관심을 가질 수 있는가? 2. 전통 음식이 우리 몸에 미치는 영향에 대하여 알 수 있는가?		

몸을 튼튼하게 하는 음식과 그렇지 않은 음식 분류하기(조작)

♠ **활동목표** : 내 몸은 소중하다는 것을 안다.
몸을 튼튼하게 하는 음식과 그렇지 않은 음식을 분류한다.

♠ **활동자료** : 살색 색지 2장, 검은 색지, 사인펜, 여러 가지 음식조각들(초콜릿, 사탕, 콜라, 여러 가지 과자류, 시금치, 밥, 우유, 과일), 바구니

♠ 만드는 방법

〈활동판〉

1. 살색 색지에 우리 몸을 2개 그리고 한 개는 비만인 모습, 한 개는 건강한 모습으로 그리고 색칠한다.
2. 투명시트지를 씌우고 배부분에 찍찍이(보들이)를 붙인다.

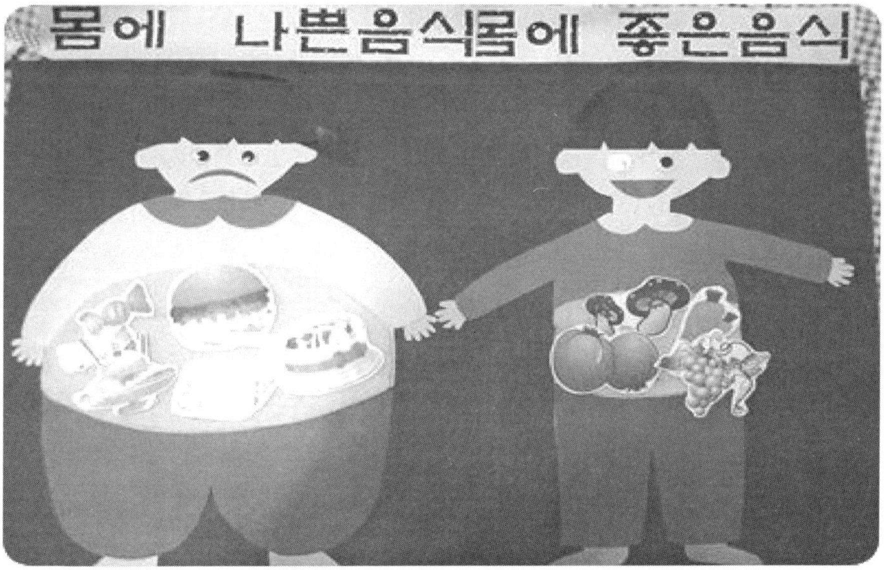

〈음식조각〉

1. 여러 가지 음식 조각을 그리고 색칠(전단지에 나와 있는 사진자료를 이용하면 더욱 좋다) 코팅한다. 찍찍이(까칠이)를 붙인다.
2. 음식은 작은 바구니에 담는다.

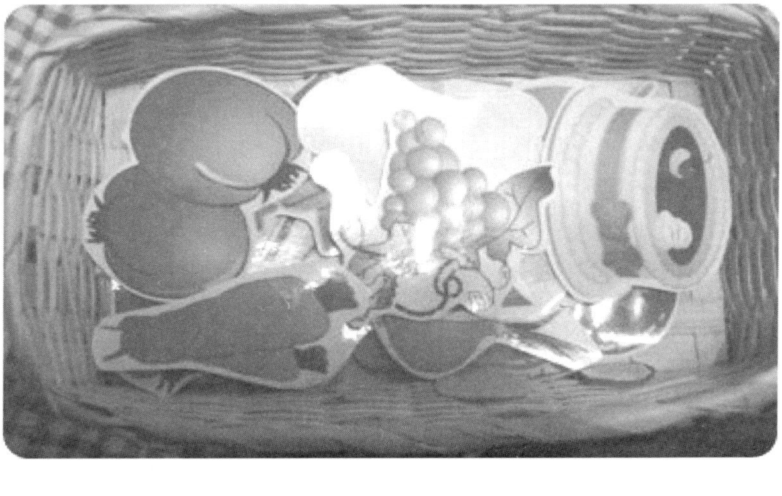

♠ **활동 내용**

1. 두 개의 몸을 보고 이야기를 나눈다
   - 이 친구는 왜 배가 아파 울고 있을까? 어떤 음식을 먹었을까?
   - 이 친구는 왜 기준이 좋아 보일까? 어떤 음식을 먹었을까?
2. 비만인 친구에게는 몸에 좋지 않은 음식을 건강한 친구에게는 몸에 좋은 음식을 붙인다.

과일의 속 모양과 과일이름 짝짓기(조작)

♠ **활동목표** : 여러 가지 과일의 속 모양에 관심을 가진다.
과일의 속 모양을 보고 과일이름을 알 수 있다.

♠ **활동자료** : 과일의 속 모양을 찍은 사진(사과, 배, 딸기, 수박, 참외), 과일이름을 적은 이름카드, 코팅지

♠ **만드는 방법**

〈활동판〉

1. 과일의 속 모양을 사진으로 찍거나 그림 자료를 인터넷에서 다운받아 색지에 붙여 코팅한다.
2. 이름 붙일 곳에 찍찍이 (보들이)를 붙인다.

〈이름카드〉

1. 과일이름을 적은 이름카드를 코팅한다. 뒷면에 찍찍이(까칠이)를 붙인다.

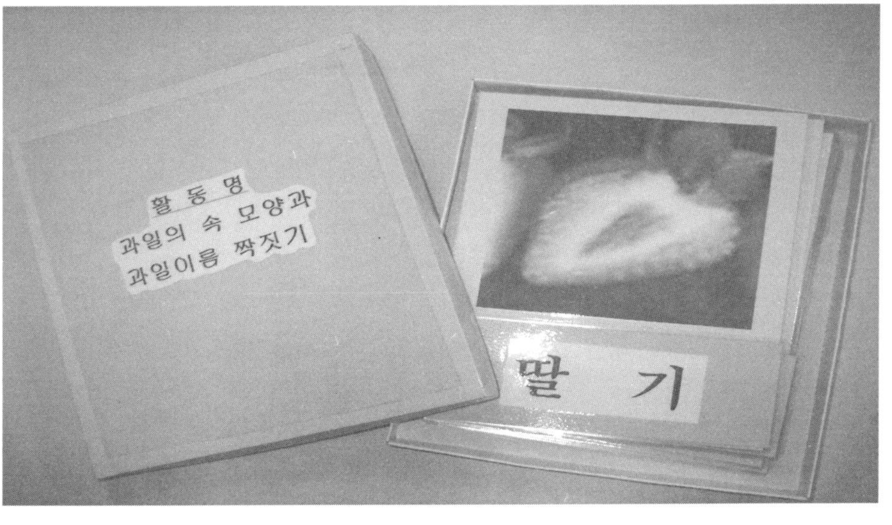

♠ 활동 내용

1. 과일의 속 모양 자료를 보고 이야기를 나눈다.
   · 이 과일의 속 모양은 어떻게 생겼는지 이야기해 보자.
   · 이 과일은 무엇일까?
2. 과일의 속 모양 자료에 이름카드를 붙인다.

수박 씨 세어보기(수)

♠ **활동목표** : 수박의 속 모양에 안다.
수박씨를 세어보고 숫자와 연결할 수 있다.

♠ **활동자료** : 과색지(빨강, 하양, 초록), 검은 색지, 코팅지, 보드마카펜 2개, 보드마커 지우개, 주사위(육각), 찍찍이

♠ 만드는 방법

〈활동판〉

1. 색지를 이용하여 수박모습을 2개 만든다. 마커펜으로 숫자를 쓸 부분에 여유를 두고 코팅한 후 씨가 붙여져야 할 부분에 찍찍이(보들이)를 붙인다.

〈씨 만드는 방법〉

1. 씨를 30개 만든 후 코팅하여 뒷면에 찍찍이(까칠이)를 붙인다
2. 씨는 바구니에 담는다.

♠ 만드는 방법

1. 수박을 하나씩 나누어 가진다.
2. 주사위를 3번씩 던져 나오는 수만큼 씨를 붙인다.
3. 각자의 수박씨를 세어 보고 마커펜으로 숫자를 쓴다.
4. 많은 쪽이 이긴다.

참고 문헌

김재은(1979). 창작하는 어린이. 어린이 교육, 2.

김재은교수 정년 기념 논문집 간행위원회(1996). 인지와 창의성의 심리학 : 김재은 교수 정년 기념 논문집. 서울 : 창지사.

김춘일(1999). 창의성 교육, 그 이론과 실제. 서울: 교육과학사.

신세호(1968). 상상공학 : 창의성 개발을 위한 교육 방법. 서울 : 배영사.

———(1969). 창의력 교육. 서울 : 배영사.

윤애희(1995). 유아의 창의성 교육에 대한 현황 및 교육의 인식 조사 연구. 한국 어린이 육영회.

윤종건(1994). 창의력 - 이론과 실제. 서울 : 정민사.

임선하(1989). 교육 내용으로서의 창의적 사고. 교육개발, Ⅱ.

———(1993). 창의성에의 초대. 서울 : 교보문고.

이숙재(1998). 유아를 위한 놀이의 이론과 실제. 서울 : 창지사.

정범모(1974). 지력의 교육. 창의력의 본질. 신세호편. 서울: 배영사.

지성애(1997). 유아 놀이 지도. 서울 : 정민사.

홍순정(1999). 지능과 창의성. 서울 : 양서원.

Amabile, T. M.(1989). Growing up Creative : Nurturing a lifetime of creativity. (창의성과 동기유발 : 전경원 편역). 서울 : 창지사.

Dacey, J. S.(1989). Fundamentals of creative thinking. Lexington, MA : D. C. Heath.

Drevdahl, J. E.(1956). Factors of importance for creativity, Journal of Clinical psychology, 7.

Feinburg, S. G., & Mindess, M.(1994). Eliciting children's full potential. CA : Brooks/Cole Publishing Company.

Flavell, J. H.(1997). the Developmental Psychology of Jean Piaget. New York : Van Nostrand.

Gardner, H.(1983). Frames of Minds. N.Y. : Basic Books.

——— (1991) . Creating Minds. N.Y. : Basic Books.

Ghiselin, B.(1961). The Creative Process, in M. I. Stein & S. J. Heinge(ed), Creativity and Individual (Illinois : The Free Press of Glence).

Guilford. J. P.(1967). The nature of human intelligence. New York : Mc Graw-Hill.

―――――(1968). intelligence, creativity and their educational implication. San Diego : Robert R. Knapp.

Hallaman, R. J.(1967). Techniques of creative teaching. Journal of Creative Behavior, 15.

Hendrik, J.(1975). The Whole child. The CV. Mosby Company.

―――――(1986). Total learning : Curriculum for the young child. Columbus, OH : Merrill/Macmillan.

Hughes. F. P.(1991). Play and development. Boston : Allyn & Bacon.

Hurlock, E. B.(1978). Child Development. McGraw-Hill Books Company.

Isenberg, J. P., & Jalongo, M. R.(1993). Creative Expression and Play in the Early Childhood Curriculum. N.Y. : Macmillan Publishing Co.

Johnson, J. E, Christie, J. F. & Yawkey, T. D.(1999). Play and Early Childhood development. Addision Wesley Longman, Inc.

Lowenfeld, V. & Brittan, W. L.(1968). Creative and Mental Growth. New York : Macmillan.

Maslow, A.(1959). Creativity in self- actualizing people. New York : Harper & Row.

Maslow, A.(1970). Motivation and personality. New York : Harper & Row.

Robert. B.(1992). Developing Creative & Critical Thinking : An Intergrated Approach (생활 속에서 배우는 창의적, 비판적 사고 : 강명희 편역). 서울 : 창지사.

Rogers, C. R.(1959). "Toward a Theory of Creativity", Creativity And its Cultivation. ed. Harold H. Anderson (New York : Harper & Row publishers).

Taylor, I. A.(1959). The Nature of the creative process. In P. Smith(Ed), Creativity (New York : Hastings House).

Torrance, E. P.(1962). Guiding Creative talent. Englewood Cliff : Prentice - Hall Inc.

―――――(1963). Education and the Creative potential. Minneapolis : University of Minnesota Press.

―――――(1967). Creativity and learning (Boston : Houghton Mifflin).

Wallas, G.(1926). The art of thought. New York : Harcourt Brace.

지은이 소개

■ 전경희

덕성여자대학교 유아교육과 졸업

이화여자대학교 교육대학원(유아교육전공)졸업 교육학 석사

창원대학교 대학원 교육학과 박사과정 수료

현재, 창원전문대학 유아교육과 교수

유아를 위한 **창의적 학습활동**

초판인쇄 2007년 2월 5일
초판발행 2007년 2월 10일

저 자 전 경 희
발행인 김 현 태
발행처 태 영 출 판 사

주 소 (152-705) 서울 구로구 구로동 104-10 동남오피스텔 201호
전 화 02-839-3757, 839-3752
팩 스 02-837-3754
등 록 2005년 5월 30일 제12-421호
http://www.taeyeongbook.co.kr

E-mail tys2005@paran.com
ISBN 978-89-91777-39-2 93370
정 가 13,000